Karl H. Grünauer

Deutsch kompakt 3
Bd. III
Lesen und mit Literatur umgehen

Copyright: pb-verlag • 82178 Puchheim • 2002

ISBN 3-89291-**296**-3

HEIMAT- und SACHUNTERRICHT Jahrgangsstufe 3./4.

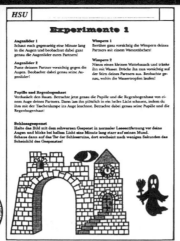

Inhaltsübersicht:

Mein Körper

Sinnesleistungen / Augen

Sinnesleistungen / Ohr

Optische Phänomene / Ausbreitung des Lichts

Optische Phänomene / Spiegelphänomene

Akustische Phänomene

Medien als Fenster zur Welt / Werbung

Zusammenleben in der Schule

Menschen Arbeiten

Maschinen helfen bei der Arbeit

HSU kompakt 3 Bd. I
Nr. 274 *142 Seiten*   € 18,90

Inhaltsübersicht:

Lebensraum Wald 1. Teil, Ablauf, Wald ist nicht gleich Wald, Frühling-Sommer-Herbst, Fährten und Spuren, Vater-Mutter-Kinder, Tiere des Waldes, Wo die Waldtiere wohnen, Kennst du die Waldtiere?, Fressen und gefressen werden, Nadelbäume des Waldes/Häufige Laubbäume, Hier stimmt was nicht!, Waldlichtung, **Lebensraum Wald 2. Teil**, Ablauf, Pflanzen des Waldes, Der Wald ist wie ein Haus, Finger weg von diesen giftigen Früchten!, Beerenfrüchte aus dem Wald, Pilze sammeln/Elf gute Tipps für's Pilzesammeln, Pilze-Quartett, Pilze: Malvorlage, Wir untersuchen Pilze, Warum ist der Wald so wichtig?, Das große Waldspiel/Armer Wald!, Fraßspuren unter der Lupe, **Orientierung in Zeit und Raum**, Ablauf, Wasserburg am Inn, Was uns die Funde erzählen, Wodurch erfahren wir etwas über früher?, Die Himmelsrichtungen, So findest du dich zurecht:, Von der Wirklichkeit zur Karte, Wir lernen Kartenzeichen lesen, Wir zeichnen eine Landkarte, Windrose, Kartenzeichen, Tipps für Lehrer, **Verbrennung**, Ablauf, Die Bedeutung des Feuers für den Menschen, Welche Stoffe brennen?, Feuer braucht Luft!, Nur ein Streichholz, Feuer: Aller Gute Dinge sind drei!, Brandbekämpfung/Brandschutz, Feuer-was tun?,

Hilfe Feuer!, Gefahrenzeichen, 2 Buben und drei Zündhölzer, **Magnetismus**, Ablauf, Der geheimnisvolle Zauberberg, Einer unsichtbaren Kraft auf der Spur, Der Kompass, Wie bestimmt man mit dem Kompass die Himmelsrichtungen?, Kleine Zaubereien, Wir basteln einen Wasserkompass, Wir bauen einen Elektromagneten, Strom kann man selber machen, **Elektrizität**, Ablauf, Wie sich die Zeiten ändern, Wir bauen eine Beleuchtung, Welche Stoffe leiten den Strom?, Wie kann ich den Strom ein- und ausschalten?, Hier droht Lebensgefahr!, Was der Elektrische Strom alles kann, Energie Sparen!, Beleuchtung früher und heute, das lustige Angelspiel, Übungszirkel, **Rad fahren 1. Teil**, Ablauf, Hase und Igel, Wo darf ich fahren?, Wie komme ich da nur vorbei?, Die Sache mit der Vorfahrt, Losfahren will gelernt sein, Linksabbiegen, Wichtige Regeln für Radfahrer, Vorsicht Fußgänger/Besondere Verkehrszeichen, **Rad fahren 2. Teil**, Ablauf, Der richtige Helm, Augen auf-Gefahren erkennen, Richtiges Sehen will gelernt sein, Die Straße verändert sich, Das vorbildliche Fahrrad, So flickt man einen Fahrradschlauch, Bist du ein Fahrradprofi?, Verkehrszeichen-Memory

HSU kompakt 3 Bd. II
Nr. 275 *140 Seiten*   € 18,90

Inhaltsübersicht:

Vorwort
Arbeit mit der Kartei
Inhaltsverzeichnis
Themenbereich: Multiplikation
Stundenbilder mit Arbeitsblättern:
Wir nehmen ZE-Zahlen halbschriftlich mal
Wir lernen das Malnehmen
Wir lernen das Malnehmen mit Stellenüberschreitung
Malnehmen mit zweistelligen Zahlen
Zahlenrätsel, Sachaufgaben
Karteikarten für Stationentraining und Freiarbeit
Probebausteine mit Lösungen

Themenbereich: Division
Stundenbilder mit Arbeitsblättern:
Wir teilen halbschriftlich durch einstellige Zahlen
Wir teilen im Stellenhaus
Wir teilen schriftlich unter Verwendung von Stellenwerten
Wir teilen schriftlich - Endform

Wir teilen schriftlich mit Rest und rechnen die Probe
Wir teilen schriftlich durch zweistellige Zahlen
Zahlenrätsel, Sachaufgaben
Karteikarten für Stationentraining und Freiarbeit
Probebausteine mit Lösungen

Größen und Sachaufgaben
Stundenbilder mit Arbeitsblättern:
Hohlmaße (l, ml), auch in Brüchen und Dezimalbrüchen
Karteikarten für Stationentraining und Freiarbeit
Probebausteine mit Lösungen

Mathematik kompakt 4. Bd. I
Nr. 284 *140 Seiten*   € 18,90

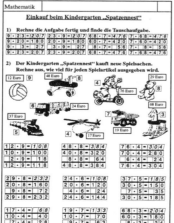

Inhaltsübersicht:

Vorwort
Arbeit mit der Kartei
Inhaltsverzeichnis
Themenbereich: Multiplikation
Stundenbilder mit Arbeitsblättern:
Wir nehmen ZE-Zahlen halbschriftlich mal
Wir lernen das Malnehmen
Wir lernen das Malnehmen mit Stellenüberschreitung
Malnehmen mit zweistelligen Zahlen
Zahlenrätsel, Sachaufgaben
Karteikarten für Stationentraining und Freiarbeit
Probebausteine mit Lösungen

Themenbereich: Division
Stundenbilder mit Arbeitsblättern:
Wir teilen halbschriftlich durch einstellige Zahlen
Wir teilen im Stellenhaus
Wir teilen schriftlich unter Verwendung von Stellenwerten
Wir teilen schriftlich - Endform
Wir teilen schriftlich mit Rest und rechnen die Probe
Wir teilen schriftlich durch zweistellige Zahlen

Zahlenrätsel, Sachaufgaben
Karteikarten für Stationentraining und Freiarbeit
Probebausteine mit Lösungen

Größen und Sachaufgaben
Stundenbilder mit Arbeitsblättern:
Hohlmaße (l, ml), auch in Brüchen und Dezimalbrüchen
Karteikarten für Stationentraining und Freiarbeit
Probebausteine mit Lösungen

Mathematik kompakt 4. Bd. II
Nr. 285 *146 Seiten*   € 19,50

Stand der Preise 2002 - Bitte beachten Sie unsere aktuelle Preisliste!

Vorwort

„Durch vielfälltzige Übungen entwickeln die Kinder Ihre lesegeläufigkeit auch an umfangreicheren Texten weiter und üben sich im vortragenden Lesen. Sie werden mit weiteren Texterschließungsverfahren vertraut, zunehmend selbständig Informationen aus verschiedenen Textsorten zu gewinnen, und nutzen dies auch für andere Unterrichtsfächer. Im handlungs- und produktionsorientierten Umgang mit unterschiedlichen Texten erwerben die Kinder erste Kenntnisse über Textaufbau und textspezifische Merkmale.
Durch das Vergleichen, Verändern und Umschreiben von Texten sowie das eigene Schreiben in Anlehnung an Gelesenes gewinnen sie einen Einblick in die Entstehung von Literatur. Zudem sollen sie durch Texte aus anderen Ländern und Kulturen ein Interesse an fremden Lebensformen entwickeln. Sie lernen Bibliotheken als Ausleihorte für interessante Bücher und andere Medien für Unterricht und Freizeit zu nutzen. Durch Kontakte zu Autoren erweitern die Kinder ihr Leseinteresse und werden zum außerschulischen Lesen angeregt."

Soweit die Vorgaben aus dem neuen amtlichen Lehrplan des Freistaats Bayern, wobei gerade die letzten drei Forderungen nicht Thema dieses pb-Skriptums sind, sondern bearbeitet sind im pb-Literatur-Skriptum Nr. 763 „Kinder- und Jugendliteratur lesen und erleben, 3. /4. Schuljahr". Unsere pb-Publikation „Lesen 3" zielt hingegen auf die Umsetzung der neuen Vorgaben wie Lesetechniken und sinnverstehendes Lesen weiterzuentwickeln, unterschiedliche Textsorten kennen zu lernen und mit ihnen bewusst umzugehen. Dabei ging es uns um konkrete Ansätze wie „wortgenau lesen lernen", „Satzgrenzen erkennen und einhalten", die „Blickspannweite zu vergrößern und zeilenübergreifendes Lesen anzubahnen". Unser Skript enthält deshalb eine Menge von Verfahrenstechniken, diese Lernziele umzusetzen. Neben der klassischen Form der Inhalts- und Gehaltserschließung - Vergleichen Sie dazu bitte unsere Publikationsreihe Nr. 350 - 353 „Lesefreude mit ... Märchen, Fabeln, Legenden und Sagen, Lachgeschichten und Schwänken" - liegt in der neuen Materialsammlung der Schwerpunkt vor allem auf den unterschiedlichsten Texterschließungsverfahren. Die Kinder markieren wichtige Textstellen, gliedern Textabschnitte, geben Kernaussagen in eigenen Worten wieder, bringen umgestellte Texte in die richtige Reihenfolge, finden Einzelüberschriften und Schlüsselwörter, setzen Texte bildnerisch und szenisch um. Sie entwickeln innere Vorstellungen zum Gelesenen, stellen Vermutungen an, vergleichen ihre Erwartungen an den Text mit dem Gelesenen, lernen Gedanken und Handlungen von Personen nachzuvollziehen und setzen ihre persönliche Wirklichkeit der im Text dargestellten entgegen. Letztlich dient die Bearbeitung der Arbeitsblätter dem Ziel, Texte sinnentsprechend vorlesen und vortragen zu können und die innere Vorstellung zum Ausdruck zu bringen. Die Kinder können mit den verschiedenen Klangqualitäten eines Satzes experimentieren, z. B. Pausen setzen, Betonung, Sprechtempo und Lautstärke variieren, ja sogar körpersprachliche Ausdrucksmöglichkeiten erproben.

Letztlich lesen und gestalten die Kinder literarische Textvorgaben wie Märchen oder andere Erzähltexte, wobei sie Texte analog gestalten oder szenisch darstellen oder bestimmte Textausschnitte in eine andere Textart umsetzen. Sie fühlen sich in Dialogrollen ein, üben partnerbezogenes Sprechen, stellen kleine Hörspielfassungen her und überlegen Möglichkeiten szenischen Darstellens dramatischer Texte.

Anhand weniger Gedichtbeispiele nehmen Kinder Rhythmus und Lautmalerei bewusst wahr und tauchen so ein in die Welt lyrischer Texte. Vergleichen Sie dazu auch die pb-Publikation 135 Gedichte, 3./4. Schuljahr! Weiter dürfen wir Sie auf unser umfangreiches Material im Werbe-Anhang verweisen, wo Sie eine Vielzahl interessanter methodisch-didaktischer Handreichungen aus unserem Verlag zum Fachgebiet „Lesen und Literatur" finden.

Mehr als eine aufschlussreiche Anregung für Ihren Unterricht soll und kann, wie wir gerne stets an dieser Stelle formulieren, unser pb-Skriptum nicht sein. Viel Spaß bei der Arbeit am Text!

Autor und pb-Verlag Puchheim im August 2001

Inhalt

I. Unterrichtsbeispiel „Das schönste Ei der Welt"
Lesetext, Tafelbild, Geplanter Unterrichtsverlauf, Gruppenarbeit, Folienbild, Materialien ... 5

II. Strukturmodelle
Strukturmodell 1 ... 13
Strukturmodell 2 ... 14

III. Lesetexte und Arbeitsblätter
Das Schneeglöckchen (Flüssig lesen, Satzzeichen „mitlesen", Texte nach Sinnschritten und Sätzen strukturieren) ... 15
Der Wettstreit zwischen Wind und Sonne (Wörter mit fehlenden Buchstaben erkennen, Signalgruppen bilden) ... 20
Was ist aus dem Frosch geworden? (Zeilenübergreifendes Lesen üben, Blickspannweite vergrößern) ... 23
Bumfidel darf seinen Geburtstag feiern (Sprechtempo und Lautstärke verändern) ... 25
Neues von der Affen-Olympiade (Sprachliche Ausdrucksmöglichkeiten beim Lesen steigern) ... 27
Das Märchen von der Brunnenfrau (Vermutungen zu einer Geschichte anstellen, Dialoge erfinden) ... 29
Wie es mit den Kaulquappen geht (Einen Text in Abschnitte gliedern) ... 34
Die Wunder von Hanoi (Wichtige Textstellen markieren) ... 37
Die kleinen Leute von Swabedoo (Mit Arbeitsaufträgen lesen, Persönliche Wirklichkeit mit Textinhalten in Beziehung zueinander setzen) ... 39
Der goldene Schlüssel (Merkmale eines Märchens herausfinden, Einen Textabschnitt mit wörtlicher Rede ausgestalten, Einen Dialog gestalten und ein Märchen szenisch darstellen) ... 44
Vogelgespräch im Frühling (Inhalt und Gehalt erschließen, Ein Figurenspiel mit Dialogen herstellen) ... 48
Der Igel und der Maulwurf (Einzelne Sprecher durch Farbmarkierungen kennzeichnen) ... 56
Der alte Löwe (Eine Hörspielfassung herstellen) ... 59
Die Nachtigall und der Pfau (Einen Text analog gestalten) ... 62
Der Spuk (Partnerbezogenes Lesen üben) ... 64
Der Regenschirm (Partnerbezogenes Lesen üben) ... 66
Der Brunnen des heiligen Gangolf (Die Kernaussage mit eigenen Worten wiedergeben) ... 68
Der Turmaffe von München (Einzelüberschriften finden) ... 70
Die verwehten Denkzettel (Den Inhalt bildnerisch umsetzen, Umgestellte Texte in die richtige Reihenfolge bringen, Gedanken anderer Personen nachvollziehen) ... 73
Keine Angst vor Türken (Sich kritisch mit Texten auseinander setzen) ... 78
Der freundliche Taxischofför (Gedanken und Handlungen von anderen Personen nachvollziehen) ... 79
Aufräumen (Innere Vorstellungen zum Ausdruck bringen) ... 83
Pfui, Dackel! (Texte sinnentsprechend vorlesen und vortragen) ... 85
Die Träume der Bäume (Innere Vorstellungen zum Gelesenen entwickeln, Ein Gedicht lautmalerisch gestalten) ... 86
Der Jahreskreis (Gedichte zum gleichen Thema vorstellen) ... 90
Der Kreislauf des Wassers (Den Rhythmus in einem Gedicht wahrnehmen) ... 100
Das Feuer (Die Lautmalerei in einem Gedicht wahrnehmen) ... 101
Das Kostbarste (Nach einem vorgegebenen Bauplan eigene Gedichte verfassen) ... 102
Der Stein (Gedichte gestalten) ... 103
Was sollten wir über Hunde wissen? (Sachtexte bearbeiten) ... 104
Nicht aufgepasst! (Sachbericht und Erzähltext gegenüberstellen) ... 106

| LESEN | Name: | Klasse: | Datum: | Nr. |

Das schönste Ei der Welt
von Helme Heine

1 Es waren einmal drei Hühner - Pünktchen, Latte und Feder, die stritten sich, wer
2 die Schönste von ihnen sei.
3 Pünktchen besaß das schönste Kleid. Latte hatte die schönsten Beine. Und Feder
4 trug den schönsten Kamm. Weil sie sich nicht einigen konnten, beschlossen sie,
5 den König um Rat zu fragen.
6 „Es kommt auf die inneren Werte an", sagte der König. „Wer das schönste Ei
7 legt, soll gewinnen und Prinzessin werden."
8 Er ging hinaus in den Park, und alle Hühner seines Königreiches folgten ihm.
9 Pünktchen fing als erste an, zu gackern. Vorsichtig hockte sie sich mit ihrem
10 schönen Kleid ins nasse Gras. Es dauerte nicht lange, da erhob sie sich und trat
11 zur Seite.
12 Alle waren sprachlos. So etwas hatten sie noch nie gesehen: Vor ihnen lag ein
13 schneeweißes, makelloses Hühnerei, ohne jede Bruchstelle, mit einer Schale wie
14 polierter Marmor. „Vollkommener geht es nicht!", rief der König - und alle, alle
15 nickten.
16 Als Latte zu gackern begann, bedauerten sie alle. Ein vollkommeneres Ei konnte
17 man nicht legen, das war unmöglich. Aber nach zehn Minuten erhob sich Latte
18 erleichtert und ihr Kamm leuchtete in der Morgensonne. Der König klatschte
19 vor Freude laut in die Hände: Vor ihm lag ein Hühnerei, so groß und schwer,
20 dass selbst ein Vogel Strauß neidisch geworden wäre.
21 „Größer geht es nicht!", rief der König - und alle, alle nickten.
22 Während sie noch nickten, hockte sich Feder hin. Alle bedauerten sie sehr, denn
23 ein vollkommeneres oder größeres Ei konnte sie nicht legen. Das war undenk-
24 bar.
25 Feder gackerte kaum. Es war ihre Art -. Bescheiden, mit niedergeschlagenen
26 Augen saß sie da. Dann stand sie auf. Vor ihnen lag ein viereckiges Hühnerei,
27 von dem man in hundert Jahren noch erzählen wird. Die Kanten waren wie mit
28 dem Lineal gezogen, jede Fläche leuchtete in einer anderen Farbe.
29 „Phantastischer geht es nicht!", rief der König - und alle, alle nickten.
30 Es war unmöglich zu sagen, welches Ei das schönste war. Auch der König wusste
31 es nicht. So kam es, dass alle drei Prinzessin wurden: Pünktchen, Latte und Fe-
32 der. Und wenn sie nicht gestorben sind, dann legen sie noch heute.

Arbeitsaufgaben (für schnelle Leser):
1. Welche Aufgabe stellt der König der zukünftigen Prinzessin?
   (Unterstreiche rot!)
2. Welcher Satz wiederholt sich dreimal in der Geschichte?
   (Unterstreiche blau!)
3. Wie lobt der König die Hühnereier? (Unterstreiche grün!)
4. Was machen die Hühner, bevor sie ein Ei legen? (Unterstreiche gelb!)

Tafel links:

Pünktchen besaß das   Latte hatte die   Und Feder trug den
schönste Kleid.   schönsten Beine.   schönsten Kamm.

Jedes Huhn hat etwas Besonderes.

Tafel Mitte:

__Das schönste Ei der Welt__

Wer das schönste Ei legt, soll gewinnen und Prinzessin werden.

Es kommt auf die inneren Werte an..

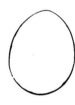 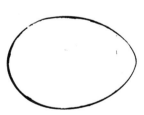 

schneeweiß - makellos   groß - schwer   eckig - phantastisch

Jedes Ei hat etwas Besonderes.

Tafel rechts:

Jeder von uns hat etwas Besonderes.

Geplanter Unterrichtsverlauf

Arikulation	Lerninhalte/Unterrichtsverlauf	Medien/Arbeitsformen
1. Hinführung	Schüler kommen in den Stehkreis	Stehkreis
	Lehrer geht mit Säckchen in den Kreis	Säckchen mit Ei
	Schüler greifen in den Sack und erfühlen den Inhalt	
	Impuls: Was du gerade gefühlt hast, hat etwas mit unserer Geschichte zu tun.	
	Schüler vermuten: Hühner, Eier, Ostern ...	
Zielangabe	*Das schönste Ei der Welt*	Tafel
	Schüler lesen Überschrift	
2. Textbegegnung		
2.1. Teil / 1.	Zeile 1 und 2:	Lehrervortrag
	„Es waren einmal drei Hühner ..."	Text
	Bild-Impuls: drei Hühner	Bilder / Tafel
	Schüler-Vermutungen	
2.2. Teil / 2.	Schüler lesen laut Zeile 3 bis 5:	Gemeinsames Erlesen
	„Pünktchen besaß das schönste Kleid ... zu fragen."	AB / Gruppentisch
2.3. Teil / 3.	Impuls: Wie nun der König entscheidet, sollst du selbst lesen.	Stilles Erlesen / AB
	AA: Unterstreiche Wörter, die du nicht kennst, mit Lineal und Bleistift!	Bleistift, Lineal
	Schüler lesen Geschichte leise zu Ende	
	Lehrer liest mit leseschwachen Kindern weiter	Differenzierung
		Sitzkreis
	Arbeitsaufträge (AA) für schnelle Leser	Einzelarbeit / AA
Begriffsklärung	Unterrichtsgespräch über unbekannte Begriffe	Folie, OHP
3. Erschließung des Textes		
3.1. Inhalt		
1. Teilziel: Merkmale der Hühner	Lehrer heftet Sprechblase mit ? an die Tafel	visueller Impuls
	Zusatz-Impuls:	
	Die Hühner veranstalten einen Wettbewerb	
	Schüler: Wer ist die Schönste?	
	Lehrer zeigt Satzkarten	Impuls: Satzkarten
	Schüler ordnen die Sätze den Hühnern zu	Arbeit an der Tafel
2. Teilziel: Idee des Königs	Impuls: Der König hatte eine Idee, wie er sich beim Schönheitswettbewerb entscheiden kann.	Bild-Impuls: König
	Beleglesen: „Wer das schönste Ei legt, soll ... „	Arbeitsblatt
	Schüler heften Sprechblase an die Tafel	Sprechblase
3. Teilziel: Merkmale der Eier	Impuls: Du sollst dem König helfen und ihm die Eier noch einmal genau zeigen.	

Arikulation	Lerninhalte/Unterrichtsverlauf	Medien/Arbeitsformen
	Jede Gruppe bekommt einen Abschnitt der Geschichte, in dem ein Ei beschrieben wird. Arbeitsauftrag: Unterstreicht die Eigenschaftswörter, die das Ei näher beschreiben! Schreibe sie auf die Wortkarten und male das Ei aus!	GA 7 arbeitsteilig Mappen mit Textabschnitten
	Schüler arbeiten mit Blanko-Woka /	Blanko-Bildkarten
Zusammenfassung der Gruppenarbeit	Impuls: Der König weiß jetzt genau, wie die drei Eier aussehen. Schüler stellen Arbeitsergebnisse vor: 1. Pünktchens Ei: makellos, schneeweiß, vollkommen 2. Lattes Ei: groß, schwer 3. Feders Ei: eckig, bunt, phantastisch	Tafelarbeit
4. Teilziel: Entscheidung des Königs	Schüler: Alle Hühner dürfen Prinzessin sein!	visueller Impuls: 3 Kronen
3.2. Gehalt **Jedes Huhn hat etwas Besonderes.** **Jedes Ei hat etwas Besonderes.**	Impuls: Schon die Hühner konnten ich nicht entscheiden! Schüler: Jedes Huhn hat etwas Besonderes! Schüler: Jedes Huhn ist schön, hat etwas Schönes ... Impuls: Auch bei den Eiern konnte sich der König nicht entscheiden! Schüler: Jedes Ei hat etwas Besonderes!	Wortkarte / TA / UG
Überleitung	Impuls: In der Geschichte spricht der König einen ganz wichtigen Satz! Schüler: Es kommt auf die inneren Werte an.	Sprechblase
Begriffserklärung	Schüler: Wie jemand ist ... kommt vom Herzen + Bsp.	
4. Transfer Auch jeder von uns hat etwas Besonderes	Impuls: Auch jeder von uns hat etwas Besonderes. Schüler nennen Beispiele Impuls: Stell dir vor, der König käme in unsere Klasse. Du kannst dem König helfen und ihm sagen, warum dein Nachbar Prinz oder Prinzessin werden soll.	Tafel Kronen aus Tonpapier
Begriffe	Schüler erhalten Kronen und notieren Satz: „Du sollst Prinz/Prinzessin werden, weil ..." hilfsbereit, kameradschaftlich, fröhlich, freundlich ... Schüler „krönen sich" gegenseitig (wer sich traut) und sprechen dazu Schüler hängen Kronen an die Tafel (Stehkreis)	
Hausaufgabe	Schüler lesen Geschichte nochmals / lustigste Stelle	
Ausblick	Szenische Gestaltung	

Gruppenarbeit 1

11 Pünktchen fing als erste an, zu gackern. Vorsichtig hockte sie sich mit ihrem
12 schönen Kleid ins nasse Gras. Es dauerte nicht lange, da erhob sie sich und trat
13 zur Seite.
14 Alle waren sprachlos. So etwas hatten sie noch nie gesehen: Vor ihnen lag ein
15 schneeweißes, makelloses Hühnerei, ohne jede Bruchstelle, mit einer Schale wie
16 polierter Marmor. „Vollkommener geht es nicht!", rief der König - und alle, alle
17 nickten.

1. Unterstreiche alle Eigenschaftswörter, die das Ei von Pünktchen beschreiben!

2. Schreibe die Eigenschaftswörter auf die Wortkarten!

3. Male das Ei auf das Blatt mit dem rosa Rahmen!

Gruppenarbeit 2

18 Als Latte zu gackern begann, bedauerten sie alle. Ein vollkommeneres Ei konnte
19 man nicht legen, das war unmöglich. Aber nach zehn Minuten erhob sich Latte
20 erleichtert und ihr Kamm leuchtete in der Morgensonne. Der König klatschte
21 vor Freude laut in die Hände: Vor ihm lag ein Hühnerei, so groß und schwer,
22 dass selbst ein Vogel Strauß neidisch geworden wäre.
23 „Größer geht es nicht!", rief der König - und alle, alle nickten.

4. Unterstreiche alle Eigenschaftswörter, die das Ei von Latte beschreiben!

5. Schreibe die Eigenschaftswörter auf die Wortkarten!

6. Male das Ei auf das Blatt mit dem orangen Rahmen!

| LESEN | Name: | Klasse: | Datum: | Nr. |

Gruppenarbeit 3

24 Während sie noch nickten, hockte sich Feder hin. Alle bedauerten sie sehr, denn
25 ein vollkommeneres oder größeres Ei konnte sie nicht legen. Das war undenk-
26 bar.
27 Feder gackerte kaum. Es war ihre Art -. Bescheiden, mit niedergeschlagenen
28 Augen saß sie da. Dann stand sie auf. Vor ihnen lag ein viereckiges Hühnerei,
29 von dem man in hundert Jahren noch erzählen wird. Die Kanten waren wie mit
30 dem Lineal gezogen, jede Fläche leuchtete in einer anderen Farbe.
31 „Phantastischer geht es nicht!", rief der König - und alle, alle nickten.

6. Unterstreiche alle Eigenschaftswörter, die das Ei von Feder beschreiben!

7. Schreibe die Eigenschaftswörter auf die Wortkarten!

8. Male das Ei auf das Blatt mit dem roten Rahmen!

Folienbild:

| LESEN | Name: | Klasse: | Datum: | Nr. |

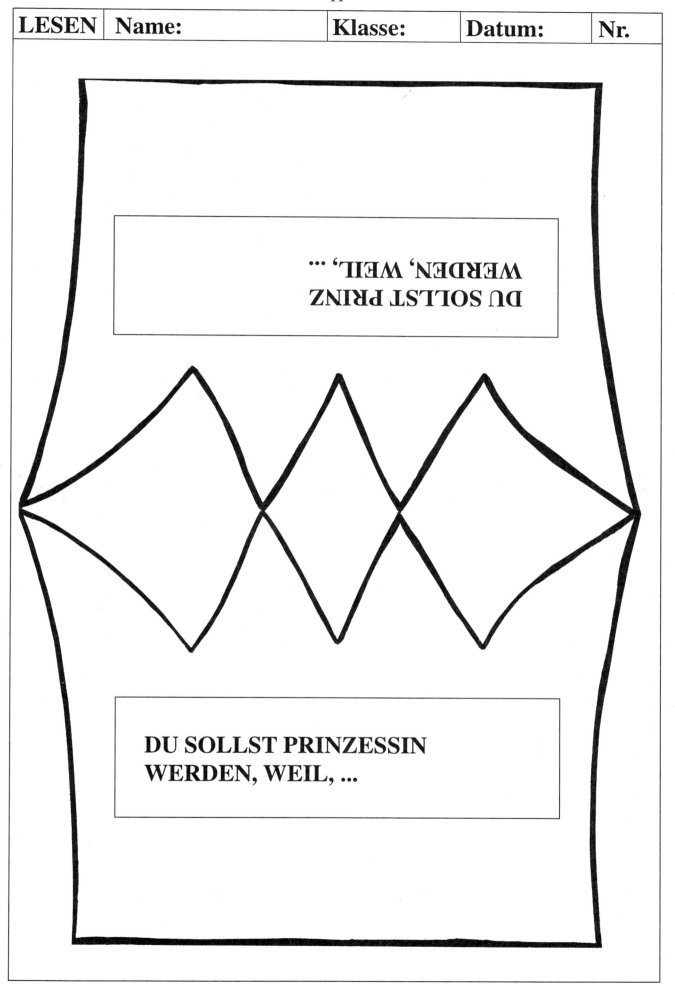

| LESEN | Name: | Klasse: | Datum: | Nr. |

Das schönste Ei der Welt
(Gesprächs- und Leseanreiz)

Folienbild:

Strukturmodell 1
(nach Barsig/Berkmüller)

I. Stufe: Hinführung, Einstimmung
Anknüpfen an den Sachunterricht, an jahreszeitliche Anlässe,
an ein Ereignis aus der Umwelt bzw.
dem Erfahrungsbereich des Kindes

II. Stufe: Erarbeitung, Darbietung, Durchdringung
1. Gesamtauffassung:
Stilles Erlesen durch Schüler mit weiterführenden Aufgaben, die vorbereitet wurden (Arbeitsblatt)
Lautes Vorlesen durch einen Schüler
2. Besinnungspause mit anschließender freier Spontanäußerung durch Schüler
Kein vom Lehrer gelenktes Gespräch
Begriffsklärungen nur bei Bedarf
3. Gelenkte Aussprache
Herausarbeiten der inhaltlichen Schwerpunkte nach einer kurzen Wort- und Sacherklärung
Erfassen des Sinngehalts
Erfassen des Erlebnishintergrunds
Wertende Schülermeinungen

III. Stufe: Ausschöpfung, Anwendung, Vertiefung
Ergebnis in Beziehung bringen zur ursprünglichen Fragehaltung
Fixierung der sachlichen Bereicherung
Kerngedanken in Bezug zum eigenen Tun setzen
Szenische Darstellung
Zusammenfassendes Lesen

Hinweise:
- Bei Unklarheiten stets kurzes Nachlesen im Text innerhalb aller Stufen
- Lesestunden sind mit Sachunterrichtsstunden nicht zu verwechseln
- Eigenart des Lesethemas muss auf die entwicklungspsychologischen Gegebenheiten der Kinder und auf die Eigenlage der Klasse abgestimmt sein
- Jede Lesestunde braucht ein Ziel: Welches ist das sachliche Ziel? Wo liegen die erziehlichen Schwerpunkte?
- Lesestunden und Leseübungsstunden unterscheiden sich wesentlich
- Anteilnahme und persönliche Meinung sind als erziehliche Stellungnahme auszusprechen
- Die Unterscheidung zwischen dem literarischen Lesegut und einem Sachlesethema muss in der methodischen Darbietung berücksichtigt werden.

Strukturmodell 2
(nach Rainer Maras)

I. Hinführung
1. Einführung in den Erzählbereich
- Anknüpfung an den Erlebnisbereich der Kinder oder an den Heimat- und Sachunterricht
- Übergabe der Überschrift
- Assoziationen zu Begriffen aus dem Text

2. Vorbereitung der Textarbeit
- Formulieren von Fragen an den Text
- Mitteilen des Vorwissens
- Hinweis auf Text in unserer „Lesekiste"
- selbständiges Aufsuchen des Textes
- vorausgehende Klärung von Wörtern
- Informationen über Gegenstände, Personen, Vorgänge, geschichtliche Hintergründe ...
- Vorzeigen von Gegenständen
- Bildimpulse
- Vermutungen und Vorausdenken: Was könnte ...?

II. Textbegegnung
1. Textaufnahme
- Erlesen des gesamten Textes
- schrittweises Erlesen
- Vorlesen kombiniert mit Erlesen
  (dazwischengeschoben: Vermutungen der Schüler über den möglichen Fortgang)
- Übergabe des Textes durch ein technisches Medium

2. Spontane Aussprache
- Schnelle Leser erhalten vorbereitete Arbeitsaufträge, die jedoch nicht
  zu breit angelegten Diskussionen führen sollen, der Lehrer hält sich zurück!

III. Erschließung des Textes
1. Klärung des Inhalts
2. Betrachtung der Sprache
3. Erfassen des Gehalts
- Festhalten der wesentlichen inhaltlichen Aspekte
- Unterstreichen der beteiligten Personen
- bei Sachtexten: Finden von Überschriften zu - auch selbst ermittelten - Abschnitten
- Aufsuchen von Textstellen aufgrund von Arbeitsaufträgen
- Feststellen von Textteilen, die besonders anschaulich sind,
  evtl. verbunden mit dem Malen eines illustrierenden Bildes
- Beantworten von Leitfragen in Gruppenarbeit
- Herausarbeiten der wesentlichen Aussage, des Hauptgedankens
- Veranschaulichung des Kerngedankens in einem Schaubild
- Niederschreiben von Kernsätzen: Personen charakterisieren
- Markieren treffender Wörter und Sätze
- lautes Lesen als Mittel der Erschließung
- Belegen von Aussagen durch wiederholtes Nachlesen im Text

IV. Vertiefung
- Ausklang, Anwendung, Leseübung, Sicherung
- auch besondere Betonung einer Wertung
- Herstellen des Bezugs zum eigenen Denken, Verhalten und Erfahrungshintergrund
- Beantwortung der eingangs gestellten Fragen, kritisches Überdenken, szenisches Gestalten

| LESEN | Name: | Klasse: | Datum: | Nr. |

Gruppe A: Das Schneeglöckchen
(Flüssig lesen lernen)

1 Es war Winterzeit. Die Luft war kalt und der Wind scharf; aber zu Hause war es
2 warm und gemütlich. In ihrem eigenen Häuschen lag die Blume; sie schlummer-
3 te in ihrer Zwiebel unter Erde und Schnee.
4 Eines Tages fiel Regen. Die Tropfen drangen durch die Schneedecke hinab in die
5 Erde, sie berührten die Blumenzwiebel und erzählten von der Lichtwelt da oben.
6 Bald drang der Sonnenstrahl ganz fein und bohrend durch den Schnee hinab zu
7 der Zwiebel und stach sie. „Komm herein!" sagte die Blume. „Das kann ich
8 nicht!" sagte der Sonnenstrahl; „ich bin noch nicht stark genug, um die Erde
9 aufzuschließen. Erst zum Sommer werde ich stärker." „Wann ist es Sommer?"
10 fragte die Blume, und sie wiederholte diese Frage, sooft ein neuer Sonnenstrahl
11 zu ihr hinabdrang. Aber es währte noch lange bis zur Sommerzeit; noch lag der
12 Schnee, und es fror Eis auf jedem Wasser in einer jeden Nacht.
13 „Wie lange das dauert! Wie lange das dauert!" sagte die Blume. „Ich fühle ein
14 Kribbeln und Krabbeln; ich muss mich recken, ich muss mich strecken! Ich muss
15 hinaus und dem Sommer einen Guten Morgen zunicken!" Und die Blume reckte
16 und streckte sich drinnen gegen die dünne Schale, die das Wasser von außen
17 weich gemacht und die der Sonnenstrahl hineingestochen hatte. Bald spross sie
18 unter dem Schnee hervor mit weißgrüner Knospe auf grünem Stengel und mit
19 schmalen, dicken Blättern, die sie gleich einem Mantel umgaben. Nun kam der
20 Sonnenstrahl mit größerer Kraft als bisher. „Willkommen! Willkommen!" sang
21 und klang jeder Strahl, und die Blume erhob sich über den Schnee hinaus in die
22 Lichtwelt.
23 Aber es war noch weit bis zur Sommerzeit. Wolken verhüllten die Sonne, und
24 scharfe Winde brausten über das arme Schneeglöckchen fort. „Du brichst ab!"
25 sagten sie zu ihm. „Du welkst! Du erfrierst! Was wolltest du auch schon drau-
26 ßen? Weshalb ließest du dich hervorlocken? Der Sonnenstrahl hat dich nur ge-
27 narrt! Das hast du nun davon, du Sommernarr!" „Sommernarr! Sommernarr!"
28 hallte es an dem kalten Morgen in einem fort. Und schon glaubte das arme Blüm-
29 chen erfrieren zu müssen.
30 Aber gegen Mittag kamen Kinder in den Garten. „Oh, ein Schneeglöckchen",
31 jubelten sie, „da steht eins, so schön, so reizend, das erste, das einzige!" Und
32 diese Worte taten der Blume so wohl; das waren Worte wie warme Sonnenstrah-
33 len. Das Schneeglöckchen empfand in seiner Freude nicht einmal, dass es ge-
34 pflückt wurde. Es lag in der Hand eines Kindes, wurde in die warme Stube ge-
35 bracht, von freundlichen Augen betrachtet und von weichen Händen ins Wasser
36 gestellt. Das Blümchen fühlte sich neu gestärkt und belebt, als wäre es auf ein-
37 mal mitten in den Sommer heineinversetzt.   ***Hans Christian Andersen***

Arbeitsaufgabe: *Unterstreicht mit drei verschiedenen Farben, was das Schneeglöckchen, die Sonnenstrahlen und die kalten Winde sagen!*

| LESEN | Name: | Klasse: | Datum: | Nr. |

Gruppe B: Das Schneeglöckchen
(Satzzeichen „mitlesen")

1 Es war Winterzeit. Die Luft war kalt und der Wind scharf; aber zu Hause war es
2 warm und gemütlich. In ihrem eigenen Häuschen lag die Blume; sie schlummer-
3 te in ihrer Zwiebel unter Erde und Schnee. Eines Tages fiel Regen. Die Tropfen
4 drangen durch die Schneedecke hinab in die Erde, sie berührten die Blumen-
5 zwiebel und erzählten von der Lichtwelt da oben. Bald drang der Sonnenstrahl
6 ganz fein und bohrend durch den Schnee hinab zu der Zwiebel und stach sie.
7 „Komm herein!" sagte die Blume. „Das kann ich nicht!" sagte der Sonnenstrahl;
8 „ich bin noch nicht stark genug, um die Erde aufzuschließen. Erst zum Sommer
9 werde ich stärker." „Wann ist es Sommer?" fragte die Blume, und sie wiederhol-
10 te diese Frage, sooft ein neuer Sonnenstrahl zu ihr hinabdrang. Aber es währte
11 noch lange bis zur Sommerzeit; noch lag der Schnee, und es fror Eis auf jedem
12 Wasser in einer jeden Nacht. „Wie lange das dauert! Wie lange das dauert!" sagte
13 die Blume. „Ich fühle ein Kribbeln und Krabbeln; ich muss mich recken, ich
14 muss mich strecken! Ich muss hinaus und dem Sommer einen Guten Morgen
15 zunicken!" Und die Blume reckte und streckte sich drinnen gegen die dünne
16 Schale, die das Wasser von außen weich gemacht und die der Sonnenstrahl hin-
17 eingestochen hatte. Bald spross sie unter dem Schnee hervor mit weißgrüner
18 Knospe auf grünem Stengel und mit schmalen, dicken Blättern, die sie gleich
19 einem Mantel umgaben. Nun kam der Sonnenstrahl mit größerer Kraft als bisher.
20 „Willkommen! Willkommen!" sang und klang jeder Strahl, und die Blume erhob
21 sich über den Schnee hinaus in die Lichtwelt. Aber es war noch weit bis zur
22 Sommerzeit. Wolken verhüllten die Sonne, und scharfe Winde brausten über das
23 arme Schneeglöckchen fort. „Du brichst ab!" sagten sie zu ihm. „Du welkst! Du
24 erfrierst! Was wolltest du auch schon draußen? Weshalb ließest du dich hervor-
25 locken? Der Sonnenstrahl hat dich nur genarrt! Das hast du nun davon, du Sommer-
26 narr!" „Sommernarr! Sommernarr!" hallte es an dem kalten Morgen in einem
27 fort. Und schon glaubte das arme Blümchen erfrieren zu müssen. Aber gegen
28 Mittag kamen Kinder in den Garten. „Oh, ein Schneeglöckchen" , jubelten sie,
29 „da steht eins, so schön, so reizend, das erste, das einzige!" Und diese Worte
30 taten der Blume so wohl; das waren Worte wie warme Sonnenstrahlen. Das
31 Schneeglöckchen empfand in seiner Freude nicht einmal, dass es gepflückt wur-
32 de. Es lag in der Hand eines Kindes, wurde in die warme Stube gebracht, von
33 freundlichen Augen betrachtet und von weichen Händen ins Wasser gestellt. Das
34 Blümchen fühlte sich neu gestärkt und belebt, als wäre es auf einmal mitten in
35 den Sommer heineinversetzt. *Hans Christian Andersen*

Arbeitsaufgaben:
1. Lest einmal alle Satzzeichen genau mit!
2. Beachtet die Sprechpausen!
3. Markiert mit verschiedenen Farben Sinneinheiten und Abschnitte!

| LESEN | Name: | Klasse: | Datum: | Nr. |

Gruppe C: Das Schneeglöckchen
(Texte nach Sinnschritten und Sätzen strukturieren)

1 Es war Winterzeit.
2 Die Luft war kalt und der Wind scharf;
3 aber zu Hause war es warm und gemütlich.
4 In ihrem eigenen Häuschen lag die Blume;
5 sie schlummerte in ihrer Zwiebel unter Erde und Schnee.
6 Eines Tages fiel Regen.
7 Die Tropfen drangen durch die Schneedecke hinab in die Erde,
8 sie berührten die Blumenzwiebel und erzählten von der Lichtwelt da oben.
9 Bald drang der Sonnenstrahl ganz fein und bohrend durch den Schnee hinab
10 zu der Zwiebel und
11 stach sie.
12 „Komm herein!" sagte die Blume.
13 „Das kann ich nicht!" sagte der Sonnenstrahl; „ich bin noch nicht stark genug,
14 um die Erde aufzuschließen. Erst zum Sommer werde ich stärker."
15 „Wann ist es Sommer?" fragte die Blume,
16 und sie wiederholte diese Frage, sooft ein neuer Sonnenstrahl zu ihr hinabdrang.
17 Aber es währte noch lange bis zur Sommerzeit;
18 noch lag der Schnee, und es fror Eis auf jedem Wasser in einer jeden Nacht.
19 „Wie lange das dauert! Wie lange das dauert!" sagte die Blume.
20 „Ich fühle ein Kribbeln und Krabbeln;
21 ich muss mich recken, ich muss mich strecken!
22 Ich muss hinaus und dem Sommer einen Guten Morgen zunicken!"
23 Und die Blume reckte und streckte sich drinnen gegen die dünne Schale,
24 die das Wasser von außen weich gemacht und
25 die der Sonnenstrahl hineingestochen hatte.
26 Bald spross sie unter dem Schnee hervor
27 mit weißgrüner Knospe auf grünem Stengel und
28 mit schmalen, dicken Blättern, die sie gleich einem Mantel umgaben.
29 Nun kam der Sonnenstrahl mit größerer Kraft als bisher.
30 „Willkommen! Willkommen!" sang und klang jeder Strahl,
31 und die Blume erhob sich über den Schnee hinaus in die Lichtwelt.
32 Aber es war noch weit bis zur Sommerzeit.
33 Wolken verhüllten die Sonne, und scharfe Winde brausten über das arme Schnee-
34 glöckchen fort.
35 „Du brichst ab!" sagten sie zu ihm.
36 „Du welkst! Du erfrierst! Was wolltest du auch schon draußen?
37 Weshalb ließest du dich hervorlocken?
38 Der Sonnenstrahl hat dich nur genarrt! Das hast du nun davon, du Sommernarr!"
39 „Sommernarr! Sommernarr!" hallte es an dem kalten Morgen in einem fort.
40 Und schon glaubte das arme Blümchen erfrieren zu müssen.

| LESEN | Name: | Klasse: | Datum: | Nr. |

40 Aber gegen Mittag kamen Kinder in den Garten.
41 „Oh, ein Schneeglöckchen", jubelten sie,
42 „da steht eins, so schön, so reizend, das erste, das einzige!"
43 Und diese Worte taten der Blume so wohl;
44 das waren Worte wie warme Sonnenstrahlen.
45 Das Schneeglöckchen empfand in seiner Freude nicht einmal,
46 dass es gepflückt wurde.
47 Es lag in der Hand eines Kindes,
48 wurde in die warme Stube gebracht,
49 von freundlichen Augen betrachtet und
50 von weichen Händen ins Wasser gestellt.
51 Das Blümchen fühlte sich neu gestärkt und belebt,
52 als wäre es auf einmal mitten in den Sommer heineinversetzt.

Hans Christian Andersen

Arbeitsaufgaben:
1. Markiere alle Wörter mit Leuchtstift,
   bei denen du stockst und die du nur sehr schwer lesen kannst!

2. Lies diese schwierigen Wörter in Silben!

3. Lies den Text so,
   dass am Ende jeder Zeile eine deutliche Sprechpause zu hören ist!

4. Lest die Geschichte mit verteilten Rollen:
   a) Wer spricht das Schneeglöckchen?
   b) Wer macht die kalten Winde nach?
   c) Wer spricht mit schmeichlerischer Stimme die Sonnenstrahlen?
   d) Wer liest mit welcher Stimme den verbindenden Text?

5. Unterstreiche jeweils
   mit verschiedenen Farben,
   welche Sätze im Text
   eine größere Sinneinheit ergeben!

6. Tragt die Geschichte betont vor!

Das Schneeglöckchen
(Gesprächs- und Leseanreiz)

Folienbild:
Was geschieht mit den Schneeglöckchen, bevor sie aus dem Schnee herausspitzen?

| LESEN | Name: | Klasse: | Datum: | Nr. |

Der Wettstreit zwischen Wind und Sonne
(Gesprächs- und Leseanreiz)

Folienbild:
Was geschieht mit den Schneeglöckchen, bevor sie aus dem Schnee herausspitzen?

| LESEN | | | | |

Der Wettstreit zwischen Wind und Sonne
(Gesprächs- und Leseanreiz)

| LESEN | Name: | Klasse: | Datum: | Nr. |

Gruppe A: Der Wettstreit zwischen W - nd und S - nne
(Wörter mit fehlenden Buchstaben erkennen)

1 W - nd und S - nne stritten einmal miteinander, wer von ihnen der Stärkere sei.
2 „Ich bin die stärkste Macht auf dieser W - lt", sagte die S - nne.
3 „Nichts kann mir Widerstand leisten."
4 „Nichts - außer mir", sagte der W - nd.
5 „Meine - räfte übertreffen noch die deinen."
6 „Machen wir eine Pr - be!" schlug die S - nne vor.
7 „Siehst du dort den M - nn die Straße herunterkommen?" Also:
8 Wer von uns beiden den M - nn bewegt, seinen M - ntel auszuziehen,
9 muss als der stärkere erkannt werden.
10 Du magst zuerst dein - lück versuchen."
11 Der W - nd begann zu blasen, indes sich die S - nne hinter eine Wolke zurückzog.
12 Dann pfiff er, und der M - nn zog den K - pf ein.
13 Dann heulte er und raste in eisigen Stößen gegen den M - nn an.
14 Aber je kälter er blies, umso fester hüllte sich der M - nn in seinen M - ntel ein.
15 „Jetzt will ich es versuchen", sagte die S - nne und
16 kam wieder hinter der Wolke hervor.
17 Sie schien zunächst sanft herunter auf den M - nn,
18 und der knöpfte seinen M - ntel auf und hängte ihn lose um die Schultern.
19 Die S - nne lächelte,
20 und ihr Lächeln erwärmte alle Dinge und Wesen.
21 Binnen weniger Minuten hatte sie auch den M - nn auf der Straße
22 so sehr erwärmt,
23 dass er seinen M - ntel von der Schulter nahm und
24 Ausschau hielt nach einem Platz im Schatten.
25 Und die Lehre dieser - eschichte heißt
26 ganz einfach: Was der Zorn nicht erreicht,
27 schafft Milde oft leicht.
28 St - mmt's?

nach Rudolf Hagelstange

Arbeitsaufgaben:
1. Könnt ihr die fehlenden Buchstaben erkennen und im Text so vorlesen, dass man ihr Fehlen gar nicht merkt?
2. Unterstreicht rot, was die Sonne sagt, und blau, was der Wind meint!
3. Lest den Text mit verteilten Rollen!
   Denkt euch dabei in die gutmütige, weise Sonne hinein und sprecht mit der richtigen Stimme die Sätze des Windes, der der Stärkere sein will!
4. Beachtet die Sprechpausen!
5. Wo könnt ihr Sinneinheiten und Abschnitte finden?
6. Spielt die Geschichte mit freien Dialogen!

| LESEN | Name: | Klasse: | Datum: | Nr. |

Gruppe B: Der Wettstreit zwischen Wind und Sonne
(Signalgruppen bilden)

1 Wind und Sonne stritten einmal miteinander, wer von ihnen der Stärkere sei.
2 „Ich bin die stärkste Macht auf dieser Welt", sagte die Sonne.
3 „Nichts kann mir Widerstand leisten."
4 „Nichts - außer mir", sagte der Wind.
5 „Meine Kräfte übertreffen noch die deinen."
6 „Machen wir eine Probe!" schlug die Sonne vor.
7 „Siehst du dort den Mann die Straße herunterkommen?" Also:
8 Wer von uns beiden den Mann bewegt, seinen Mantel auszuziehen,
9 muss als der stärkere erkannt werden.
10 Du magst zuerst dein Glück versuchen."
11 Der Wind begann zu blasen, indes sich die Sonne hinter eine Wolke zurückzog.
12 Dann pfiff er, und der Mann zog den Kopf ein.
13 Dann heulte er und raste in eisigen Stößen gegen den Mann an.
14 Aber je kälter er blies, umso fester hüllte sich der Mann in seinen Mantel ein.
15 „Jetzt will ich es versuchen", sagte die Sonne und
16 kam wieder hinter der Wolke hervor.
17 Sie schien zunächst sanft herunter auf den Mann,
18 und der knöpfte seinen Mantel auf und hängte ihn lose um die Schultern.
19 Die Sonne lächelte,
20 und ihr Lächeln erwärmte alle Dinge und Wesen.
21 Binnen weniger Minuten hatte sie auch den Mann auf der Straße
22 so sehr erwärmt,
23 dass er seinen Mantel von der Schulter nahm und
24 Ausschau hielt nach einem Platz im Schatten.
25 Und die Lehre dieser Geschichte heißt ganz einfach:
26 Was der Zorn nicht erreicht,
27 schafft Milde oft leicht.
28 Stimmt's?   *nach Rudolf Hagelstange*

Arbeitsaufgaben:
1. Markiert in den Sätzen, wo ihr Sprechpausen machen wollt!
2. Begründet eure Entscheidung!
3. Warum fallen oft Sprechpausen mit Satzzeichen zusammen?
4. Wo ist es sinnvoll im Satz eine Sprechpause zu machen,
   auch wenn kein Satzzeichen vorhanden ist?
5. Markiert mit Leuchtstift,
   welche Wortgruppen zusammenpassen und
   eine Signalgruppe für das Zusammenlesen bilden!
6. Lest den Text bewusst
   nach passenden Zusammensetzungen und Signalgruppen!

| LESEN | Name: | Klasse: | Datum: | Nr. |

Was ist aus dem Frosch geworden?
(Zeilenübergreifendes Lesen üben)

1 Vor zwei Jahren war ich mit meinen Kindern in Holland am Meer. Das Wetter
2 war gut, wir gingen oft baden. Mein Sohn Clemens, der damals drei Jahre alt
3 war, hatte fürs Meer einen großen grüngelben Frosch, einen Gummifrosch zum
4 Aufblasen, bekommen, den er sehr gerne mochte und den er immer hinter sich
5 herschleifte. Im Wasser setzte er sich auf den Frosch und ritt mit ihm auf den
6 Wellen.
7 Ich weiß nicht, ob ihr alle Ebbe und Flut kennt. Jedes Meer hat Ebbe und Flut.
8 Bei der Flut kommt das Wasser aufs Land zu, bei der Ebbe geht es vom Land
9 weg. Es geht weg mit einer solchen Gewalt und mit einer solchen Schnelligkeit,
10 dass jemand, der bei Ebbe im Meer schwimmt, ungeheuer schnell aufs Meer
11 hinausgezogen wird. Darum soll man bei Ebbe nicht schwimmen.
12 Clemens wusste das auch und tat es nie. Aber er dachte, der Frosch kann es, und
13 er setzte den Frosch aufs Wasser, wartete darauf, dass er ein bisschen schwimme,
14 und plötzlich höre ich ihn schreien: Der Frosch haut ab! Und ich sehe, wie der
15 Frosch schon ganz weit draußen auf dem Meer ist. Ich bin noch ins Meer hinein-
16 gelaufen, um den Frosch zu fangen, habe jedoch bemerkt, wie mir der Sog die
17 Füße wegzog, wie der Sand von der Ebbe ins Meer hineingerissen wurde, bin
18 dann stehengeblieben und habe dem Frosch nachgeschaut, der immer kleiner
19 und kleiner wurde.
20 Clemens heulte fürchterlich. Er fragte mich: Wohin schwimmt der Frosch denn
21 nun? Weil auf der anderen Seite des Meeres England ist, sagte ich ihm: Der
22 Frosch ist morgen wahrscheinlich schon in England.
23 Von da an dachte ich mir Geschichten aus, die dem Frosch,
24 den wir bald nicht mehr sahen, zugestoßen sein können.
25 Vielleicht diese Geschichte:
26 Der Frosch schimmt und schwimmt. Er ist auf dem Meer winzig klein. Ein riesi-
27 ger Dampfer kommt an ihm vorbei, ein Bub schaut vom Dampfer herunter, sieht
28 den winzigen Frosch und ruft: Da ist ein Frosch! Ich möchte den Frosch haben!
29 Der Kapitän, der das hört, sagt, wir können deinetwegen den Dampfer nicht an-
30 halten. Wenn wir den Dampfer anhalten, brauchen wir so lange, bis das Schiff
31 steht, dass wir den Frosch gar nicht sehen. So winkt der Bub dem Frosch nach,
32 und der schwimmt weiter - vielleicht doch nach England.
33 Oder diese Geschichte: Der Frosch schimmt und schwimmt und schwimmt, und
34 ... Ja, diese Froschgeschichte könnt eigentlich jetzt ihr erzählen!

Peter Härtling

Arbeitsaufgaben:
1. Lest mit den Augen weiter, obwohl ihr noch die letzten Wörter sprecht!
2. Lest vor allem mit den Augen in den nächsten Satz bei Kommas und Punkten!
3. Markiert mit Leuchtstift Signalwörter und mit grüner Farbe Sinneinheiten, die auch über die Satzgrenzen hinausgehen!

| LESEN | Name: | Klasse: | Datum: | Nr. |

Was ist aus dem Frosch geworden?
(Blickspannweite vergrößern)

1 Vor zwei Jahren war ich / mit meinen Kindern / in Holland am Meer. / Das Wetter
2 war gut, / wir gingen oft baden. / Mein Sohn Clemens, / der damals drei Jahre alt
3 war, / hatte fürs Meer einen großen grüngelben Frosch, / einen Gummifrosch
4 zum Aufblasen, / bekommen, / den er sehr gerne mochte / und den er immer
5 hinter sich herschleifte. / Im Wasser setzte er sich auf den Frosch / und ritt mit
6 ihm auf den Wellen./
7 Ich weiß nicht, / ob ihr alle Ebbe und Flut kennt. / Jedes Meer hat Ebbe und Flut./
8 Bei der Flut kommt das Wasser aufs Land zu, / bei der Ebbe geht es vom Land
9 weg. / Es geht weg mit einer solchen Gewalt / und mit einer solchen Schnellig-
10 keit, / dass jemand, / der bei Ebbe im Meer schwimmt, / ungeheuer schnell aufs
11 Meer hinausgezogen wird. / Darum soll man bei Ebbe nicht schwimmen./
12 Clemens wusste das auch / und tat es nie. / Aber er dachte, / der Frosch kann es,
13 / und er setzte den Frosch aufs Wasser, / wartete darauf, / dass er ein bisschen
14 schwimme, / und plötzlich höre ich ihn schreien: / Der Frosch haut ab! / Und ich
15 sehe, / wie der Frosch schon ganz weit draußen auf dem Meer ist. / Ich bin noch
16 ins Meer hineingelaufen, / um den Frosch zu fangen, / habe jedoch bemerkt, /
17 wie mir der Sog die Füße wegzog, / wie der Sand von der Ebbe ins Meer hinein-
18 gerissen wurde, / bin dann stehengeblieben / und habe dem Frosch nachgeschaut,/
19 der immer kleiner und kleiner wurde. /
20 Clemens heulte fürchterlich. / Er fragte mich: / Wohin schwimmt der Frosch
21 denn nun? / Weil auf der anderen Seite des Meeres England ist, / sagte ich ihm:/
22 Der Frosch ist morgen wahrscheinlich schon in England./
23 Von da an dachte ich mir Geschichten aus, / die dem Frosch, /
24 den wir bald nicht mehr sahen, / zugestoßen sein können.
25 Vielleicht diese Geschichte:/
26 Der Frosch schimmt und schwimmt. / Er ist auf dem Meer winzig klein. / Ein
27 riesiger Dampfer kommt an ihm vorbei, / ein Bub schaut vom Dampfer herun-
28 ter,/ sieht den winzigen Frosch / und ruft: / Da ist ein Frosch! / Ich möchte den
29 Frosch haben! / Der Kapitän, / der das hört, / sagt, / wir können deinetwegen den
30 Dampfer nicht anhalten. / Wenn wir den Dampfer anhalten, / brauchen wir so
31 lange, / bis das Schiff steht, / dass wir den Frosch gar nicht sehen. / So winkt der
32 Bub dem Frosch nach, / und der schwimmt weiter - / vielleicht doch nach Eng-
33 land. / Oder diese Geschichte: / Der Frosch schimmt und schwimmt und
34 schwimmt, und ../ Ja, diese Froschgeschichte könnt eigentlich jetzt ihr erzählen!

Peter Härtling

Arbeitsaufgaben:
1. Die / - Striche zeigen dir mögliche Sprechpausen an. Beachte sie beim Lesen!
2. Könnt ihr bereits über die Zeilen und Sprechpausen „hinauslesen"? Probiert es, indem ihr mit dem Auge schneller seid als euer Mund beim Vorlesen!
3. Erzählt nun eine eigene Geschichte, was mit dem Gummifrosch passierte!

| LESEN | Name: | Klasse: | Datum: | Nr. |

Bumfidel darf seinen Geburtstag feiern
(Sprechtempo und Lautstärke verändern)

1 Bumfidel darf seinen Geburtstag feiern. Er ist auf den Tag acht Jahre alt gewor-
2 den. Darum darf er sich auch acht Kinder einladen. Die Mutter hat den Tisch -
3 mit acht Kerzen - in der Küche gedeckt. Danach können alle in der Wohnstube
4 spielen.
5 Bumfidel sagt: „Aber eigentlich müssten es neun Kerzen sein. Und neun Kinder
6 auch. Weil es ja mein neunter Geburtstag ist."
7 „Dein achter", sagt die Mutter. „Was redest du denn? Du bist genau vor acht
8 Jahren zur Welt gekommen. Oder glaubst du mir nicht?"
9 „Doch", sagt Bumfidel. „Ich glaube dir. Ich kann mich sogar noch ganz gut ent-
10 sinnen."
11 Nun kommen die Kinder. Sie müssen sich setzen. Sonst ist kein Platz. Bumfidel
12 nimmt die Geschenke entgegen.
13 Dann erzählt er den Freunden, dass es sein neunter Geburtstag ist.
14 Die Kinder staunen. „Stimmt das?" fragen sie Bumfidels Mutter.
15 „Es stimmt nicht", sagt sie. Sie schneidet grade den Kuchen an.
16 Da lässt Bumfidel die Lider fallen, wie der Kaufmann die Rollläden zur Mittags-
17 zeit.
18 „O je", sagt er. „Der Tag, an dem ich geboren wurde, war das vielleicht kein
19 Geburts-tag, heh?"
20 Jetzt zählen die Kinder. Die Mutter auch. Bumfidel hat recht. Die Mutter stellt
21 noch eine Kerze auf. „Das ist das Lebenslicht", sagt sie.
22 Bumfidel lacht. Bumfidel freut sich. Bumfidel wackelt mit den Ohren.
23 „Und das neunte Kind", schreit er plötzlich, „das gibt es ja auch. Das bin ich
24 selbst!" *Marieluise Bernhard von Luttitz*

Arbeitsaufgaben:
1. Unterstreicht mit roter Farbe, was Bumfidel sagt!
2. Unterstreicht mit grüner Farbe, was Mutter sagt!
3. Unterstreicht mit blauer Farbe, was die Kinder fragen!
4. Wie müsst ihr die Stimme von Bumfidel lesen, wenn er besonders rechthaberisch spricht!
5. Lest die wörtliche Rede von Mutter so, dass ihre Stimme besonders gütig klingt!
6. Markiert im Text oben mit schwarzem Stift besonders lange Sprechpausen!
7. Verändert beim Vortragen der Geschichte euer Sprechtempo und euere Lautstärke!
8. Denkt euch in die Personen hinein und spielt die Geschichte auch mit dem Körper (Gesichtsausdruck, Mimik, Gestik)!

| LESEN | Name: | Klasse: | Datum: | Nr. |

Bumfidel darf seinen Geburtstag feiern
(Gesprächs- und Leseanreiz)
Folienbild: Was geschieht an Bumfidels 8. Geburtstag?

Herzlichen Glückwunsch zum 8. Geburtstag!

| LESEN | Name: | Klasse: | Datum: | Nr. |

Neues von der Affen-Olympiade
(Sprachliche Ausdrucksmöglichkeiten steigern)

1 Die Affen aller Affenländer hielten ihre Olympiaden alle fünf Jahre ab. Teilneh-
2 men durften alle Affenarten. Es gab fünf Wettkämpfe: wettklettern, Wettspringen
3 von Baum zu Baum, wettwerfen mit Kokosnüssen, Wettflohen und Wettschlittern
4 auf Bananenschalen. Die Siegerehrung fand stets auf drei Dattelpalmen statt.
5 Auf die mittlere, die höchste, kletterte der Goldmedaillenträger.
6 Nach der 99. Affen-Olympiade hatte ein Pavian, der Sieger im Bananenschalen-
7 wettschlittern, einen tollen Einfall. „Warum sollen wir nicht einmal auf Eis schlit-
8 tern?" fragte er den Präsidenten des Olympischen Affenkomitees, einen uralten
9 Orang-Utan. „Da holen wir doch ganz andere Zeiten heraus!"
10 „Aber wo gibt's in Affrika erstklassiges Schlittereis?" wandte der Präsident ein.
11 (Selbstverständlich war Afrika für ihn wie für alle Affen Affrika!)
12 „In keinem Affenland gibt's Schlittereis", behauptete ein Schimpanse.
13 „Dann eben irgendwo in Nordpolnähe!" schlug ein schlauer Kapuzineraffe vor.
14 „Dann haben wir endlich auch unsere Winterspiele - und noch dazu mitten im
15 Sommer!" Und dieser Vorschlag wurde einstimmig angenommen.
16 Fünf Jahre später fuhren die Teilnehmer am fünften Wettkampf der 100. Affen-
17 olympiade samt zahlreichen Zuschauern auf einem Eisbrecher nach Norden, bis
18 tief in das Polareis. Phantastische Zeiten wurden da geschlittert. Und diesmal
19 holten die Paviane alle drei Medaillen: Gold, Silber, Bronze.
20 „Und wo nehmen wir die Dattelpalmen für die Siegerehrung her?" fragten die
21 drei Sieger. Und all die vielen Paviane, die als Zuschauer mitgekommen waren,
22 schrien aus vollem Hals: „Ohne Siegerehrung keine Olympiade!"
23 Der Präsidant, der alte Orang-Utan, sah sich verlegen um. Doch alle Paviane
24 stiegen auf Eisberge und hielten Ausschau nach drei Dattelpalmen. So lange hock-
25 ten sie dort oben, bis sie festgefroren waren.
26 „Wird Zeit, dass wir Dampf machen", meinte der Eisbrecherkapitän. „Erst in
27 allen Kesseln, dann unter allen Pavianhinterteilen!"
28 Und so kam es. Ein Pavian nach dem andern wurde losgeeist, und alle kehrten
29 heim nach Afrika, nein, nein, nach Affrika natürlich. Aber seitdem sind alle Pavian-
30 hinterteile - wie?

Hans Baumann

Arbeitsaufgaben:
1. Unterstreicht rot, was der Sieger-Pavian sagt, grün, was der Präsident ant-
   wortet, blau, was der Schimpanse, gelb, was der Kapuziner-Affe, orange,
   was der Kapitän, und violett, was die 3 Sieger-Paviane sagen!
2. Markiert im Text oben mit schwarzem Stift besonders lange Sprechpausen!
3. Verändert beim Vortragen der Geschichte euer Sprechtempo und
   euere Lautstärke!
8. Denkt euch in die Affen hinein und versucht ihre Gedanken beim Lesen
   betont und mit dem passenden Ausdruck zu gestalten!

| LESEN | Name: | Klasse: | Datum: | Nr. |

Neues von der Affen-Olympiade
(Gesprächs- und Leseanreiz)

Folienbild: Warum haben Paviane rote Hintern?

| LESEN | Name: | Klasse: | Datum: | Nr. |

Das Märchen von der Brunnenfrau
(Vermutungen zu einer Geschichte anstellen)

Überlegt:

1. Wie wird in einem Märchen eine Brunnenfrau aussehen?

_____

_____

2. Was wird die Brunnenfrau vermutlich in unserer Märchen-Geschichte tun?

_____

_____

3. Zeichnet rechts in den Rahmen die Brunnenfrau, wie ihr sie euch vorstellt!

_____

_____

Lest nun den Anfang unseres Märchens:

Vor langen Zeiten lebte einmal ein König, der alt und sehr krank war. Er hatte nur eine einzige Tochter. Die war aber so wunderschön, dass sich sogar die Sonne selbst jedesmal wunderte, wenn sie ihr ins Gesicht schien. Die Königstochter war aber auch sehr stolz und furchtbar eitel und eingebildet.

Der alte König fühlte, dass er bald sterben werde. So rief er seine Tochter zu sich ans Krankenbett und sprach: „Meine liebste, einzige Tochter, ich werde bald sterben. Ich möchte, dass du bald heiratest, damit mein Königreich nach meinem Tode von einem jungen Königspaar regiert wird."

So schickte der alte König seine Herolde hinaus ins Land, um standesgemäße Freier an den Hof zu bitten. Da die Schönheit und der Reichtum der Königstochter in allen Ländern bekannt waren, kamen viele prächtige Prinzen, stattliche Herzöge und wohlgeborene Grafen, die alle um die Hand der Königstochter anhielten.

Überlegt:

1. Wie wird die Geschichte weitergehen?

_____

_____

2. Welche Rolle wird die Brunnenfrau in dieser Geschichte spielen?

_____

_____

| LESEN | Name: | Klasse: | Datum: | Nr. |

So geht unser Märchen weiter:
An jedem Brautwerber hatte aber die eitle und eingebildete Prinzessin etwas auszusetzen. Da war ein Prinz mit einer spitzen Nase. Sie verspottete ihn und rief: „O, du armseliger Wicht, deine Nase ist mir zu spitz!" Der andere hatte einen dicken Bauch. Sie lachte und sagte: „O du fetter Fremder, dein Bauch ist mir viel zu dick!" Der dritte Bewerber hatte einen langen Hals und auch ihn lachte die Königstochter aus: „O, du mit deinem Storchenhals! Meinst du wirklich, ich nehme dich zum Mann?" Der vierte hatte ihr zu rote Ohren, der fünfte zu wenig Haare, der nächste hatte zu große Füße. Ein anderer war ihr zu klein und der Übernächste war ihr zu groß.

Spielt die Szenen mit dem vierten, fünften und den weiteren Brautwerbern!
Was wird die Königstochter bei ihnen sagen?

Überlegt:
Wir haben immer noch nichts über die Brunnenfrau erfahren.
Wie wird sie nun bald in der Märchen-Geschichte auftauchen?

_____

_____

Findet nun die Schlüsselwörter in der Geschichte und tragt sie in die Leerzeilen ein!

Als der König hörte, wie herzlos seine Tochter war und mit jedem ihren gemeinen

Spott trieb, da rief er sie und sprach:

„Wenn du bis zu meinem Tode noch keinen passenden Mann gefunden hast, so sollst

du im tiefsten _____ meines Landes verschwinden!"

Es kamen noch viele, viele Freier. Aber die Prinzessin fand an jedem etwas auszusetzen und verspottete alle. Da starb der alte, kranke König und im selben Augenblick

_____ die böse Königstochter im tiefsten Brunnen.

Wenn heute Kinder in den Brunnen hineinlauschen, hören sie oft ein leises Wehklagen, das ganz von unten heraufkommt. „Es ist die Brunnenfrau", sagen dann die Mütter.
Vergleicht eure Zeichnung mit der Geschichte! Habt ihr richtig vermutet, dass die Brunnenfrau die verwunschene, böse Prinzessin ist?

| LESEN | Name: | Klasse: | Datum: | Nr. |

Was sagen Figuren im Märchen von der Brunnenfrau?
(Dialoge erfinden)

Vor langen Zeiten lebte einmal ein König, der alt und sehr krank war. Er hatte nur eine einzige Tochter. Die war aber so wunderschön, dass sich sogar die Sonne selbst jedesmal wunderte, wenn sie ihr ins Gesicht schien. Die Königstochter war aber auch sehr stolz und furchtbar eitel und eingebildet. Der alte König fühlte, dass er bald sterben werde. So rief er seine Tochter zu sich ans Krankenbett und sprach:
„Meine liebste, einzige Tochter, ich werde bald sterben. Ich möchte, dass du bald heiratest, damit mein Königreich nach meinem Tode von einem jungen Königspaar regiert wird."
Findet ähnliche, sinnverwandte Sätze, die der König gesagt haben könnte!

_____

_____

So schickte der alte König seine Herolde hinaus ins Land, um standesgemäße Freier an den Hof zu bitten. Da die Schönheit und der Reichtum der Königstochter in allen Ländern bekannt waren, kamen viele prächtige Prinzen, stattliche Herzöge und wohlgeborene Grafen, die alle um die Hand der Königstochter anhielten.
An jedem Brautwerber hatte aber die eitle und eingebildete Prinzessin etwas auszusetzen.
Da war ein Prinz mit einer spitzen Nase.
Sie verspottete ihn und rief: „O, du armseliger Wicht, deine Nase ist mir zu spitz!"
Der andere hatte einen dicken Bauch.
Sie lachte und sagte: „O du fetter Fremder, dein Bauch ist mir viel zu dick!"
Der dritte Bewerber hatte einen langen Hals und auch ihn lachte die Königstochter aus:
„O, du mit deinem Storchenhals! Meinst du wirklich, ich nehme dich zum Mann?"

Findet nun Antworten der eitlen Königstochter und schreibt sie in die Leerzeilen!
Der vierte hatte ihr zu rote Ohren. Sie lachte:

_____

_____

Der fünfte hatte zu wenig Haare am Kopf. Sie spottete:

_____

_____

Der nächste hatte zu große Füße. Sie rief erbost:

_____

_____

| LESEN | Name: | Klasse: | Datum: | Nr. |

Ein anderer war ihr zu klein. Da meckerte sie:
_____
_____

Der Übernächste war ihr zu groß. Sie machte sich lustig:
_____
_____

Als der König hörte, wie herzlos seine Tochter war und mit jedem ihren gemeinen Spott trieb, da verwünschte er sie und sprach:
„Wenn du bis zu meinem Tode noch keinen passenden Mann gefunden hast, so sollst du im tiefsten Brunnen meines Landes verschwinden!"

Findet ähnliche sinnverwandte Sätze, die der König gesagt haben könnte!
_____
_____
_____
_____

Es kamen noch viele, viele Freier. Aber die Prinzessin fand an jedem etwas auszusetzen und verspottete alle. Da starb der alte, kranke König und im selben Augenblick verschwand die böse Königstochter im tiefsten Brunnen.
Wenn heute Kinder in den Brunnen hineinlauschen, hören sie oft ein leises Wehklagen, das ganz von unten heraufkommt.
Dann sagen die Mütter immer: „Es ist die Brunnenfrau."

Was sagst du, wenn du am Brunnen lauschst und ein leises Wehklagen hörst?
_____
_____
_____
_____
_____

| LESEN | Name: | Klasse: | Datum: | Nr. |

Das Märchen von der Brunnenfrau
(Gesprächs- und Leseanreiz)

Folienbild: Wer ist die geheimnisvolle Brunnenfrau?

Wie es mit den Kaulquappen geht
(Gesprächs- und Leseanreiz)

Folienbild:

Wie entsteht aus Froscheiern ein Frosch?

Ist die Kaulquappe ein kleiner Frosch oder ein echter Fisch?

Wo kann man Kaulquappen beobachten?

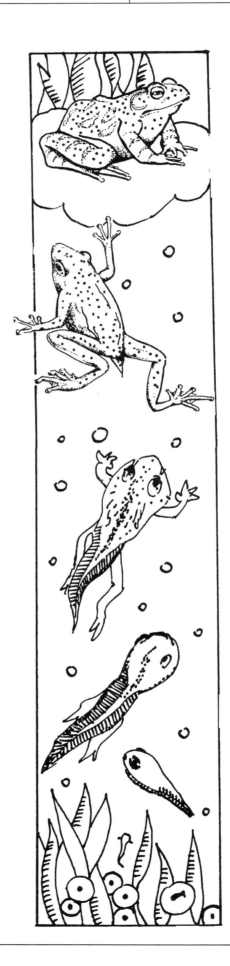

| LESEN | Name: | Klasse: | Datum: | Nr. |

Wie es mit den Kaulquappen geht
(Einen Text in Abschnitte gliedern)

Tilde Michels hat folgende Geschichte geschrieben:

1 Samstags und sonntags sind wir oft auf dem Land.
2 Da wohnen wir in einem Bauernhof.
3 Er liegt auf einem Hügel und gehört dem Goribauern.
4 Wenn man den Hang hinunterläuft, ist man im Moor.
5 Die Bauernkinder springen mit bloßen Füßen über den
6 quatschigen Boden, aber mich piekt das zu sehr.
7 Ich muss Gummistiefel anziehen.
8 Eigentlich gehe ich am liebsten allein ins Moor.
9 Wenn so viele herumtoben, verkriechen sich die Frösche, und
10 man kann überhaupt nichts richtig beobachten.
11 Am schönsten ist es im Frühjahr, wenn die Kaulquappen aus-
12 geschlüpft sind.
13 Die wimmeln in den Tümpeln herum.
14 Wenn man mit beiden Händen Wasser schöpft, hat man gleich
15 drei oder vier Stück gefangen.
16 Das Wasser rinnt dann durch die Finger davon, und die Kaul-
17 quappen zappeln mit ihren Schwänzchen und den dicken Bäu-
18 chen in den nassen Händen.
19 In jedem Frühjahr gibt es unheimlich viele Kaulquappen im
20 Moor.
21 Mindestens eine Million.
22 Wenn aus allen Kaulquappen der Erde Frösche würden, dann
23 gäbe es bald nur noch Frösche auf der Welt.

Arbeitsaufgaben:
1. Lest die Geschichte dreimal durch!
2. Welche Sätze gehören vom Sinn her zusammen.
3. Versucht Abschnitte in der Geschichte zu bilden!
4. Unterstreicht die einzelnen Abschnitte mit verschiedenen Farben!
5. Begründet eure Entscheidungen!
6. Schneidet die einzelnen Abschnitte aus und klebt sie ins Geschichtenheft!

Lösung: Wie es mit den Kaulquappen geht
(Einen Text in Abschnitte gliedern)

Tilde Michels hat folgende Geschichte geschrieben:

1 **Samstags und sonntags sind wir oft auf dem Land.**
2 **Da wohnen wir in einem Bauernhof.**
3 **Er liegt auf einem Hügel und gehört dem Goribauern.**

4 *Wenn man den Hang hinunterläuft, ist man im Moor.*
5 *Die Bauernkinder springen mit bloßen Füßen über den quatschigen Boden,*
6 *aber mich piekt das zu sehr.*
7 *Ich muss Gummistiefel anziehen.*

8 **Eigentlich gehe ich am liebsten allein ins Moor.**
9 **Wenn so viele herumtoben, verkriechen sich die Frösche, und man**
10 **kann überhaupt nichts richtig beobachten.**

11 *Am schönsten ist es im Frühjahr, wenn die Kaulquappen ausgeschlüpft sind.*
Die wimmeln in den Tümpeln herum.
Wenn man mit beiden Händen Wasser schöpft, hat man gleich drei
oder vier Stück gefangen.
Das Wasser rinnt dann durch die Finger davon, und die Kaulquappen zappeln
18 *mit ihren Schwänzchen und den dicken Bäuchen in den nassen Händen.*

19 **In jedem Frühjahr gibt es unheimlich viele Kaulquappen im Moor.**
Mindestens eine Million.
Wenn aus allen Kaulquappen der Erde Frösche würden,
23 **dann gäbe es bald nur noch Frösche auf der Welt.**

Folienbild:

| LESEN | Name: | Klasse: | Datum: | Nr. |

Die Wunder von Hanoi
(Wichtige Textstellen markieren)
Aus China wird uns folgende Geschichte überliefert:

1 Ein Bauernjunge war zum ersten Mal in seinem Leben in der großen Stadt Hanoi
2 gewesen. Nach seiner Rückkehr erzählte er in seinem Heimatdorf die wunderbar-
3 sten Dinge aus der großen Hauptstadt.
4 „In Hanoi", sagte er, „sind die Häuser schöner und größer und die Straßen breiter
5 als bei uns. In Hanoi gibt es auf dem Markt und in den Läden viel bessere Dinge
6 zu kaufen als bei uns. In Hanoi bekommen die Arbeiter viel mehr Geld für ihre
7 Arbeit als hier. In Hanoi sind die Menschen viel anständiger."
8 So ging das den ganzen Tag. Alles war nach seinen Berichten in Hanoi besser.
9 Langsam wurde dieses Gerede seinen Dorfgenossen zuviel, aber jeden Tag wusste
10 er neue Herrlichkeiten von Hanoi zu berichten.
11 „In Hanoi ist der Mond viel größer und scheint viel heller als bei uns", sagte er
12 eines Tages.
13 Das wurde seinem Vater zu dumm. Er hob seine Hand und gab dem Schwätzer
14 eine gewaltige Ohrfeige.
15 „Du bist kein Hanoi-Mann, Vater", sagte der Sohn **unbeirrbar**, „in Hanoi sind
16 die Ohrfeigen noch viel kräftiger als bei uns."

Arbeitsaufgaben:

1. Unterstreicht die Antworten folgender Fragen:
a) Wer war zum ersten Mal in seinem Leben in der großen Stadt Hanoi?
b) Wann erzählte er in seinem Heimatdorf die wunderbarsten Dinge aus der großen Hauptstadt?
c) Was war in Hanoi nach Meinung des Bauernjungen alles besser?
d) Wem wurde das Gerede des Dorfjungen allmählich zu viel?
e) Welcher Vergleich veranlasste den Vater, dem Schwätzer eine Ohrfeige zu geben?
f) Mit welcher Antwort reagierte der Bauernjunge auf die Ohrfeige seines Vaters?

2. Welche Ausdrücke außer „Schwätzer" passen zu dem Bauernjungen noch?

3. Markiert mit roter Farbe alle Eigenschaftswörter, die der Junge verwendet, um die Vorzüge Hanois besonders herauszustellen!

4. Schreibt mit eurem Partner weitere selbst erfundene Vergleiche auf, mit denen der Bauernjunge seine Freunde im Dorf ärgern könnte!

5. Warum ist das Wort „unbeirrbar" ein sehr wichtiges Wort in der Geschichte?

| LESEN | Name: | Klasse: | Datum: | Nr. |

Lösung: Die Wunder von Hanoi
(Wichtige Textstellen markieren)

Arbeitsaufgaben:

1. Unterstreicht die Antworten folgender Fragen:

a) Wer war zum ersten Mal in seinem Leben in der großen Stadt Hanoi?
   Ein Bauernjunge

b) Wann erzählte er in seinem Heimatdorf die wunderbarsten Dinge aus der großen Hauptstadt?
   nach seiner Rückkehr

c) Was war in Hanoi nach Meinung des Bauernjungen alles besser?
In Hanoi sind die Häuser schöner und größer und die Straßen breiter, es gibt auf dem Markt und in den Läden viel bessere Dinge zu kaufen, die Arbeiter bekommen viel mehr Geld für ihre Arbeit, die Menschen sind viel anständiger.

d) Wem wurde das Gerede des Dorfjungen allmählich zu viel?
   seinen Dorfgenossen

e) Welcher Vergleich veranlasste den Vater, dem Schwätzer eine Ohrfeige zu geben?
   In Hanoi ist der Mond viel größer und scheint viel heller als bei uns.

f) Mit welcher Antwort reagierte der Bauernjunge auf die Ohrfeige seines Vaters?
   „Du bist kein Hanoi-Mann, Vater, in Hanoi sind die Ohrfeigen noch viel kräftiger als bei uns."

2. Welche Ausdrücke außer „Schwätzer" passen zu dem Bauernjungen noch?
Angeber, Aufschneider, Übertreiber, Hochstapler usw.

3. Markiert mit roter Farbe alle Eigenschaftswörter, die der Junge verwendet, um die Vorzüge Hanois besonders herauszustellen!
schöner, größer, breiter, bessere Dinge, viel mehr Geld, anständiger, besser, heller, kräftiger

4. Schreibt mit eurem Partner weitere selbst erfundene Vergleiche auf, mit denen der Bauernjunge seine Freunde im Dorf ärgern könnte!
In Hanoi sind die Fußballplätze viel größer als bei uns.
In Hanoi dauern die Ferien viel länger als bei uns.
In Hanoi schmecken die Bratwürste viel besser als bei uns.
In Hanoi gehen die Leute nicht zu Fuß, sondern alle fahren mit Autos.

5. Warum ist das Wort „unbeirrbar" ein sehr wichtiges Wort in der Geschichte?
Der Junge zeigt selbst nach der Ohrfeige keine Einsicht, um mit seiner Angeberei aufzuhören.

| LESEN | Name: | Klasse: | Datum: | Nr. |

Die kleinen Leute von Swabedoo
(Mit Arbeitsaufträgen lesen)

1 Vor langer, langer Zeit lebten kleine Leute auf der Erde. Die meisten von ihnen
2 lebten in einem Dorf namens Swabedoo. Sie selbst nannten sich Swabedoodas.
3 Sie waren sehr glücklich, liefen herum mit einem Lächeln bis hinter die Ohren
4 und grüßten freudig jedermann.
5 Was die Swabedoodas am meisten liebten, war. einander warme, weiche Pelze zu
6 schenken. Jedesmal, wenn sich Swbedoodas trafen, gab der eine dem anderen ein
7 Pelzchen aus seinem Beutel. Es sagt dem anderen, dass er etwas Besonderes ist,
8 es ist eine Art zu sagen: „Ich mag dich!" Und ebenso schön ist es, ein solches
9 Pelzchen zu bekommen. Die kleinen Leute von Swabedoo gaben und bekamen
10 gern weiche, warme Pelzchen, und ihr Leben war sehr glücklich und fröhlich.

Arbeitsaufgaben:
1. Welche Aussagen stimmen? Kreuzt die richtigen an!
O Die Swabedoodas lebten in Swabedoo und lächelten bis hinter die Ohren.
O Die Swabedoodas schenken einander weiche, warme Pelzchen.
O Die Swabedoodas grüßten jedermann und nahmen ihre Sonnenhüte vom Kopf.
O Die Swabedoodas sagten jedermann dreimal am Tag „Ich mag dich!"
2. Welcher Satz aus dem Text stimmt?
O Vor langen Zeiten lebten kleine Leute auf der Erde.
O Vor langer, langer Zeit lebten ganz kleine Leute auf der Erde.
O Vor langer, langer Zeit lebten kleine Leute auf der Erde.
O Vor langer, langer Zeit lebten nur kleine Leute auf der Erde.
O Vor langer, langer Zeit lebten kleine Menschen auf der Erde.
3. War das Leben der Swabedoodas auch fröhlich?   O ja   O nein

Und so geht unsere Geschichte weiter:
11 Außerhalb des Dorfes, in einer kalten, dunklen Höhle, wohnte ein großer, grüner
12 Kobold. Manchmal war er sehr einsam. Eines Abends, als er am Waldrand stand,
13 begegnete ihm ein freundlicher, kleiner Swbadooda. „Hier, nimm ein warmes,
14 weiches Pelzchen!", sagte der Kleine fröhlich. Aber der Kobold nahm das Pelzchen
15 nicht, sondern beugte sich zu dem Kleinen und flüsterte ihm mit böser Stimme ins
16 Ohr: „Sei nur nicht so großzügig, sonst gehen dir die Pelzchen eines Tages aus!"
17 Dann tappte der Kobold auf seinen großen, grünen Füßen davon und ließ einen
18 verwirrten und unglücklichen Swabedooda zurück.

Arbeitsaufgaben:
1. Kreuze die Eigenschaftswörter an, die im Text den Kobold beschreiben!
O grün   O freundlich   O einsam   O groß   O klein   O böse
2. Unterstreiche grün, was der Kobold sagt, rot, was der Swabedooda sagt!
3. Lest das Gespräch der beiden mit verteilten Rollen! Spielt die Szene!

| LESEN | Name: | Klasse: | Datum: | Nr. |

Lösung: Die kleinen Leute von Swabedoo
(Mit Arbeitsaufträgen lesen)

Folienbild:

Arbeitsaufgaben:
1. Welche Aussagen stimmen? Kreuzt die richtigen an!
X Die Swabedoodas lebten in Swabedoo und lächelten bis hinter die Ohren.
X Die Swabedoodas schenken einander weiche, warme Pelzchen.
O Die Swabedoodas grüßten jedermann und nahmen ihre Sonnenhüte vom Kopf.
O Die Swabedoodas sagten jedermann dreimal am Tag „Ich mag dich!"
2. Welcher Satz aus dem Text stimmt?
O Vor langen Zeiten lebten kleine Leute auf der Erde.
O Vor langer, langer Zeit lebten ganz kleine Leute auf der Erde.
X Vor langer, langer Zeit lebten kleine Leute auf der Erde.
O Vor langer, langer Zeit lebten nur kleine Leute auf der Erde.
O Vor langer, langer Zeit lebten kleine Menschen auf der Erde.
3. War das Leben der Swabedoodas auch fröhlich?   X ja   O nein

Arbeitsaufgaben:
1. Kreuze die Eigenschaftswörter an, die im Text den Kobold beschreiben!
X grün   O freundlich   **X einsam**   **X groß**   O klein   O böse
2. Unterstreiche grün, was der Kobold sagt, rot, was der Swabedooda sagt!

„Hier, nimm ein warmes, weiches Pelzchen!"
Sei nur nicht so großzügig, sonst gehen dir die Pelzchen eines Tages aus!"

| LESEN | Name: | Klasse: | Datum: | Nr. |

Die kleinen Leute von Swabedoo (Teil 2)
(Mit Arbeitsaufträgen lesen)

19 Es dauerte nicht lange, da kam ein guter Bekannter des Swabedooda vorbei. „Hier,
20 nimm ein weiches Pelzchen!", rief er. Da antwortete der Kleine: „Behalte es lie-
21 ber, sonst stehst du eines Tages ohne Pelzchen da!"
22 Am kommenden Tage hatte sich die Neuigkeit im ganzen Dorf ausgebreitet und
23 immer wieder konnte man hören: „Es tut mir leid, aber ich habe kein warmes,
24 weiches Pelzchen für dich. Ich muss darauf achten, dass sie mir nicht ausgehen!"

Arbeitsaufgaben:
1. Welche freundliche Aussage des Bekannten des Swabedooda stimmt?
O „Hier, nimm ein weiches Pelzchen!"
O „Hier, zieh mein weiches Pelzchen an!"
O „Schade, ich habe heut kein Pelzchen dabei!"

2. Wie lautet die Antwort des kleinen Swabedoodas?
O Vielen Dank! Ich schenk dir auch ein weiches Pelzchen!"
O Behalte es lieber, sonst stehst du eines Tages ohne Pelzchen da!"
O Nein danke! Ich habe schon 32 weiche, warme Pelzchen!"
O Vielen Dank, heute nicht! Es ist viel zu heiß für Pelzchen!"

3. Hat die Neuigkeit im Dorf das Verhalten und Denken der Swabedoodas verändert? O ja   O nein

4. Wie hat sich das Verhalten der Swabedoodas verändert? Kreuzt an!
O Die Swabedoodas waren freigiebig wie bisher.
O Die Swabedoodas gaben keine Pelzchen mehr her.
O Die Swabedoodas achteten plötzlich sehr genau auf ihre eigenen Pelzchen.
O Die Swabedoodas waren nicht mehr freigiebig wie bisher.

Und so geht unsere Geschichte weiter:
25 Die kleinen Swabedoodas wurden misstrauisch. Sie versteckten die Pelzbeutel
26 nachts unter ihren Betten. Schließlich verschenkten sie die Pelzchen nicht mehr
27 einfach so, wie sie es früher getan hatten, sondern tauschten sie. Es gab sogar
28 einige Fälle von Pelzchenraub.
29 Das Schlimmste von allem geschah ein wenig später: Die kleinen Leute wurden
30 traurig und krank. Darüber war der Kobold zunächst sehr zufrieden. Mit der Zeit
31 ereigneten sich aber noch schlimmere Dinge. Vielleicht wegen ihrer Krankheiten,
32 vielleicht aber auch, weil niemand mehr ein Pelzchen verschenkte, starben einige
33 der Leute in Swabedoo. Alles Glück war aus dem Dorf verschwunden ...

Arbeitsaufgaben: Unterstreicht!
1. Was machten die Swabedoodas, als sie misstrauisch wurden!
2. Welche schlimmen Dinge passierten später?
3. Was war aus dem Dorf verschwunden?

| LESEN | Name: | Klasse: | Datum: | Nr. |

Die kleinen Leute von Swabedoo
(Persönliche Wirklichkeit mit Textinhalten in Beziehung zueinander setzen)

Arbeitsaufgaben:

1. Wann bist du persönlich glücklich? Begründe und ergänze!
O wenn ich etwas geschenkt bekomme ...
O wenn ich selbst etwas schenken kann ...
O wenn ich Erfolg habe ...
O wenn alles so geschieht, wie ich es haben will ...
O wenn _____
O wenn _____

2. Was bedeutet: *sich Pelzchen schenken?*
O jemanden gern haben
O jemanden nicht ausstehen können
O jemandem zeigen, dass er etwas Besonderes ist
O jedermann sagen, dass man ihn braucht

3. Ordne die Satzkarten in der richtigen Reihenfolge!
_____ „Sei nur nicht so großzügig!"
_____ „Hier, nimm ein warmes, weiches Pelzchen!"
_____ Sie werden misstrauisch, traurig, krank und streben.
_____ Sie schenken sich keine Pelzchen mehr.

4. Setze in die drei Schlüsselsätze folgende Wörter richtig ein:
Swabedoodas - Swabedoodas - Menschen - Liebe - Liebe - Pelzchen

Nur wenn die _____ verschenkt werden,
sind die _____ glücklich.

Nur wenn die _____ verschenkt wird,
sind die _____ glücklich.

Nur wenn die _____ verschenkt wird,
sind die _____ glücklich.

5. Setzt die begonnenen Sätze fort!
Ich tröste dich, wenn du ...
Ich helfe dir, wenn du ...
Ich beschütze dich, wenn du ...
Ich höre dir zu, wenn du ...
Ich verzeihe dir, wenn du ...

| LESEN | Name: | Klasse: | Datum: | Nr. |

Lösung: Die kleinen Leute von Swabedoo
(Persönliche Wirklichkeit mit Textinhalten in Beziehung zueinander setzen)

Arbeitsaufgaben:
1. Wann bist du persönlich glücklich? Begründe und ergänze!
O wenn ich etwas geschenkt bekomme ...
O wenn ich selbst etwas schenken kann ...
O wenn ich Erfolg habe ...
O wenn alles so geschieht, wie ich es haben will ...
O wenn ... *ich mich beherrschen kann, ich mir Ziele setze, ich gewinne usw.*
O wenn ... *ich anderen helfen kann, Mitschüler tröste, Konflikte lösen helfe usw.*

2. Was bedeutet: *sich Pelzchen schenken*?
X jemanden gern haben
O jemanden nicht ausstehen können
X jemandem zeigen, dass er etwas Besonderes ist
O jedermann sagen, dass man ihn braucht

3. Ordne die Satzkarten in der richtigen Reihenfolge!
2 „Sei nur nicht so großzügig!"
1 „Hier, nimm ein warmes, weiches Pelzchen!"
4 Sie werden misstrauisch, traurig, krank und sterben.
3 Sie schenken sich keine Pelzchen mehr.

4. Setze in die drei Schlüsselsätze folgende Wörter richtig ein:
Swabedoodas - Swabedoodas - Menschen - Liebe - Liebe - Pelzchen

Nur wenn die *Pelzchen* verschenkt werden,
sind die *Swabedoodas* glücklich.

Nur wenn die *Liebe* verschenkt wird,
sind die *Swabedoodas* glücklich.

Nur wenn die *Liebe* verschenkt wird,
sind die *Menschen* glücklich.

5. Setzt die begonnenen Sätze fort!
Ich tröste dich, wenn du ...*eine schlechte Note bekommen hast, dein Opa stirbt ...*
Ich helfe dir, wenn du *Probleme bei den Hausaufgaben hast, dein Rad kaputt ist ..*
Ich beschütze dich, wenn du ... *bedroht wirst, von Mitschülern angegriffen wirst ...*
Ich höre dir zu, wenn du ... *einen Ratschlag brauchst, jemand brauchst ...*
Ich verzeihe dir, wenn du ... *einen Fehler gemacht hast ...*

| LESEN | Name: | Klasse: | Datum: | Nr. |

Der goldene Schlüssel
(Merkmale eines Märchens herausfinden)

1 Es war einmal ein kalter Winter. Überall lag tiefer Schnee und alle Gewässer
2 waren fest zugefroren. Da musste ein armer, kleiner Junge in den Wald hinausge-
3 hen und Holz fürs Hausfeuer holen. Als er endlich alle Äste, die unter dem Schnee
4 noch zu finden waren, aufgelesen hatte, setzte er sich und rastete ein wenig.
5 Bevor er seinen Heimweg antrat, wollte er noch ein kleines Feuerchen anzünden
6 und sich daran ein bisschen wärmen. Da scharrte er den Schnee weg, und wie er
7 gerade so den Erdboden aufräumt, fand er einen kleinen goldenen Schlüssel.
8 Nun glaubte er aber, wo ein Schlüssel ist, muss auch ein Schloss dabei sein.
9 Deshalb grub er weiter in der Erde und fand tatsächlich ein eisernes Kästchen. Er
10 fragte sich heimlich, ob der Schlüssel wohl passe. Und er malte sich in Gedanken
11 schon aus, welche Reichtümer in dem Kästchen verborgen liegen.
12 Doch der arme, kleine Junge konnte kein Schlüsselloch finden. Immer wieder
13 suchte er nach einer kleinen Schlüsselöffnung. Erst beim drittenmal entdeckte er
14 ein winziges kleines Schlüsselloch, das man kaum sehen konnte. Er probierte
15 den Schlüssel und - der Schlüssel passte.
16 Da drehte er einmal um, er drehte zweimal um und siehe da - beim drittenmal
17 sprang das Schloss auf.
18 Der arme, kleine Junge öffnete vorsichtig den Deckel und blinzelte in das Innere
19 des Kästchens. Was sahen seine neugierigen Äuglein? Er war sprachlos ...

Arbeitsaufgaben:

1. Mit welchem Ausdruck beginnen Märchen meistens?
O Es war einmal
O Es ist so gewesen
O Es wird einmal sein
O Es war immer schon so

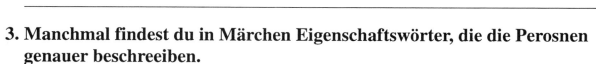

2. Welche Zahlen kommen in der Märchengeschichte vor?
_____

3. Manchmal findest du in Märchen Eigenschaftswörter, die die Perosnen genauer beschreeiben.
Unser Junge ist   O einsam   O klein   O reich   O arm   O traurig

4. Im Märchen finden wir Namenwörter mit der Nachsilbe -chen und -lein. Schreibt sie hier auf!
_____

5. Was wird im Schatzkästchen verborgen sein. Erzählt euch gegenseitig die Märchengeschichte zu Ende!

| LESEN | Name: | Klasse: | Datum: | Nr. |

Lösung: Der goldene Schlüssel
(Merkmale eines Märchens herausfinden)

Folienbild:

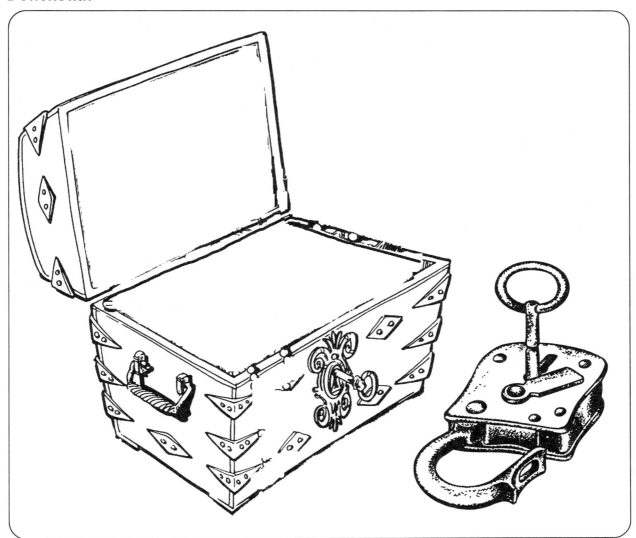

Arbeitsaufgaben:

1. Mit welchem Ausdruck beginnen Märchen meistens?
   O *Es war einmal*

2. Welche Zahlen kommen in der Märchengeschichte vor?
   <u>*beim drittenmal, er drehte einmal, zweimal, beim drittenmal*</u>

3. Manchmal findest du in Märchen Eigenschaftswörter, die die Perosnen genauer beschreeiben.
   Unser Junge ist   O einsam   ***O klein***   O reich   ***O arm***   O traurig

4. Im Märchen finden wir Namenwörter mit der Nachsilbe -chen und -lein. Schreibt sie hier auf!
   <u>*Feuerchen, Kästchen, Äuglein*</u>

| LESEN | Name: | Klasse: | Datum: | Nr. |

Der goldene Schlüssel
(Einen Textabschnitt mit wörtlicher Rede ausgestalten)

1 Es war einmal ein kalter Winter. Überall lag tiefer Schnee und
2 alle Gewässer waren fest zugefroren. Da musste ein armer, klei-
3 ner Junge in den Wald hinausgehen und Holz fürs Hausfeuer
4 holen.
5 Er dachte bei sich:
6 „_____"
7 Als er endlich alle Äste, die unter dem Schnee noch zu finden
8 waren, aufgelesen hatte, setzte er sich und rastete ein wenig.
9 Er sagte zu sich: „ Bevor ich den Heimweg ...
10 _____
11 _____."
12 Da scharrte er den Schnee weg, und wie er gerade so den Erd-
13 boden aufräumt, fand er einen kleinen goldenen Schlüssel.
14 Nun glaubte er aber: „Wo ein Schlüssel ist, _____
15 _____."
16 Deshalb grub er weiter in der Erde und fand tatsächlich ein
17 eisernes Kästchen.
18 Er fragte sich heimlich: „ _____
19 _____?"
20 Und er malte sich in Gedanken schon aus, welche Reichtümer
21 in dem Kästchen verborgen liegen: „Sind darin vielleicht
22 _____?"
23 Doch der arme, kleine Junge konnte kein Schlüsselloch finden.
24 Immer wieder suchte er nach einer kleinen Schlüsselöffnung.
25 Erst beim drittenmal entdeckte er ein winziges kleines Schlüs-
26 selloch, das man kaum sehen konnte. Er probierte den Schlüs-
27 sel und - der Schlüssel passte. Da drehte er einmal um, er dreh-
28 te zweimal um und siehe da - beim drittenmal sprang das Schloss
29 auf. Der arme, kleine Junge öffnete vorsichtig den Deckel und
30 blinzelte in das Innere des Kästchens. Was sahen seine neugie-
31 rigen Äuglein? Er war sprachlos ...

| LESEN | Name: | Klasse: | Datum: | Nr. |

Der goldene Schlüssel
(Einen Dialog gestalten und ein Märchen szenisch darstellen)

Szene 1: Vater, Mutter, Kind in kaltem Haus - alle frieren

Vater: Junge, geh hinaus in den Wald und sammle Holz
___

Mutter: Sei vorsichtig! Komm bald zurück!
___

Junge: ...
___

Szene 2: Kind sammelt im Wald Holz

Junge: Der Schnee liegt überall. Ich kann kaum an die Äste herankommen ...
___

Szene 3: Kind setzt sich nach Holzsammeln auf den Boden

Junge: Ich will ein wenig rasten. Bevor ich heimgehe, zünde ich mir noch ein kleines Feuerchen an. Ich will mich daran ein bisschen wärmen.

Szene 4:
Kind scharrt Schnee weg und findet einen kleinen goldenen Schlüssel.

Junge: Wo ein Schlüssel ist, muss auch ein Schloss dabei sein.
　　　(Kind gräbt weiter)
Junge: Hier ist ja ein eisernes Kästchen. Ob der Schlüssel wohl passt? Vielleicht ist ein Schatz darin, oder Gold und Edelsteine. Oder .... ___

Szene 5: Kind kann kein Schlüsselloch finden

Junge: ... ___

Szene 6: Kind findet Schlüsselloch und dreht den Schlüssel dreimal

Junge: ... ___

| LESEN | Name: | Klasse: | Datum: | Nr. |

Vogelgespräch im Frühling
(Inhalt und Gehalt erschließen)

1 An einem hellen Frühlingstag zu Beginn des Frühlings saß ein junger Spatz auf
2 der Mauer eines zerfallenen Schlosses und pfiff ein Lied vor sich hin.
3 Das hörte eine mürrische alte Eule, die im Schlossturm wohnte und von dem
4 lustigen Gezwitscher aufgeweckt worden war. Sie kam aus ihrem Schlupfwinkel
5 hervor, und als sie den kleinen Spatzen sah, heulte sie: „Schäme dich, frecher
6 Vogel! Vor meiner Haustür wird nicht gepfiffen!"
7 „Ich pfeife, wie mir der Schnabel gewachsen ist", antwortete der Spatz. „Und
8 warum sollte ich nicht pfeifen? Es ist Frühling geworden, und die Sonne strahlt
9 vom Himmel. Warum soll ich da nicht lustig sein?"
10 „Ich hasse den Frühling", sagte die Eule. „Das grelle Sonnenlicht tut meinen
11 Augen weh."
12 „Aber, aber", sagte der kleine Spatz. „Wenn du im Frühling nicht fröhlich sein
13 kannst, dann freu dich auf den Sommer. Die Wälder sind grün und schattig, und
14 auf den Feldern reift das Korn."
15 „Ich hasse den Sommer", sagte die Eule. „Im Sommer ist es mir viel zu heiß, und
16 ich gerate ins Schwitzen."
17 „Aber, aber", sagte der Spatz. „Wenn es dir im Sommer nicht gefällt, dann freu
18 dich auf den Herbst. Die Bäume hängen voller süßer Früchte, und niemand braucht
19 zu hungern."
20 „Ich hasse den Herbst", sagte die Eule. „Im Herbst sind die Speicher voll Korn,
21 und die Mäuse fressen sich darin dick und satt. Ich aber erwische die dicken,
22 fetten Mäuse nicht."
23 „Aber, aber", sagte der Spatz. „Wenn im Herbst die Mäuse in den Scheunen sind,
24 dann freu dich auf den Winter. Die Flocken wirbeln, und die Kinder bauen große
25 Schneemänner."
26 „Ich hasse den Winter", sagte die Eule. „im Winter ist es kalt, und ich friere an
27 den Beinen."
28 „Aber, aber", sagte der Spatz. „Wenn dir der Winter auch nicht zusagt, dann freu
29 dich auf den Frühling."
30 „Nein", sagte die Eule. „ich habe mich noch niemals gefreut, und ich werde mich
31 auch nicht freuen!"
32 Und mit grämlicher Miene zog sie sich in ihr Schlupfloch im Turm zurück.
33 Der muntere Spatz aber piepste: „Wozu lebst du denn, wenn du nur hassen kannst?
34 Ich will mich freuen, dass es wieder Frühling geworden ist!"
35 Damit hüpfte er von der Mauer, flog auf einen Baum und pfiff aus voller Kehle.

Bruno Horst Bull

Arbeitsaufgaben (für schnelle Leser):
1. Unterstreicht rot, was der Spatz sagt, und grün, was die Eule sagt!
2. Unterstreicht die Textstellen, die euch am besten gefallen!
3. Findet eine andere Überschrift!

| LESEN | Name: | Klasse: | Datum: | Nr. |

Gruppe A: Vogelgespräch im Frühling
(Ein Figurenspiel mit Dialogen herstellen)

Arbeitsaufgaben:
1. Schreibt in die Sprechblasen die wörtlichen Reden von Spatz und Eule!
2. Ordnet die Bilder mit den jeweiligen Sätzen in der richtigen Reihenfolge!
3. Klebt die Bilder als Bilderfolge auf ein großes Plakat!
4. Schreibt kurze Zwischentexte und Überleitungen!
5. Findet neue Überschriften!

| LESEN | Name: | Klasse: | Datum: | Nr. |

Gruppe B: Vogelgespräch im Frühling
(Inhalt und Gehalt erschließen)

An einem hellen Frühlingstag zu Beginn des Frühlings saß ein junger Spatz auf der Mauer eines zerfallenen Schlosses und pfiff ein Lied vor sich hin.

„Schäme dich, frecher Vogel! Vor meiner Haustür wird nicht gepfiffen!"

„Ich pfeife, wie mir der Schnabel gewachsen ist. Und warum sollte ich nicht pfeifen? Es ist Frühling geworden, und die Sonne strahlt vom Himmel. Warum soll ich da nicht lustig sein?"

Die Eule sagte:

Ich hasse den Frühling, weil
_____

Ich hasse den Sommer, weil
_____

Ich hasse den Herbst, weil
_____

Ich hasse den Winter, weil
_____

Der Spatz sagte:

Ich freu mich auf den Sommer, weil
_____

Ich freu mich auf den Herbst, weil
_____

Ich freu mich auf den Winter, weil
_____

| LESEN | Name: | Klasse: | Datum: | Nr. |

Lösung: Vogelgespräch im Frühling
(Inhalt und Gehalt erschließen)

An einem hellen Frühlingstag zu Beginn des Frühlings saß ein junger Spatz auf der Mauer eines zerfallenen Schlosses und pfiff ein Lied vor sich hin.

„Schäme dich, frecher Vogel! Vor meiner Haustür wird nicht gepfiffen!"

„Ich pfeife, wie mir der Schnabel gewachsen ist. Und warum sollte ich nicht pfeifen? Es ist Frühling geworden, und die Sonne strahlt vom Himmel. Warum soll ich da nicht lustig sein?"

Die Eule sagte:
Ich hasse den Frühling, weil
... das grelle Sonnenlicht meinen Augen weh tut.
Ich hasse den Sommer, weil
... es viel zu heiß ist und ich ins Schwitzen gerate.
Ich hasse den Herbst, weil
... ich die fetten Mäuse in den Speichern nicht fangen kann.
Ich hasse den Winter, weil
.. es kalt ist und ich an den Beinen friere.

Der Spatz sagte:
Ich freu mich auf den Sommer, weil
... die Wälder grün und schattig sind und auf den Feldern das Korn reift
Ich freu mich auf den Herbst, weil
... die Bäume voller süßer Früchte hängen und niemand zu hungern braucht.
Ich freu mich auf den Winter, weil
... die Flocken wirbeln und die Kinder große Schneemänner bauen

Gruppe C: Fragen zum Text: Vogelgespräch im Frühling
(Inhalt und Gehalt erschließen)

Arbeitsaufgaben:

1. **Welcher Satz ist aus dem Text entnommen?**

O An einem hellen Frühlingstag zu Beginn des Frühlings saß ein junger Spatz auf der Mauer eines zerfallenen Schlosses und pfiff ein Lied vor sich hin.

O An einem hellen Sommertag zu Beginn des Sommers saß ein lustiger Spatz auf der Mauer eines zerfallenenen Schlosses und pfiff ein Lied vor sich hin.

2. **Unterstreiche die Eigenschaften, die zum Spatz passen, rot, und die Eigenschaften, die zur Eule passen, grün!**

jung - mürrisch - alt - lustig - gebieterisch - pfiffig - wehleidig - grämlich - munter

3. **Welche zwei Wörter sagt der Spatz stets doppelt? Unterstreiche!**

„So, so!"   „Na, wenn schon!"   „Aber, aber!"   „Nein, nein!"   „Ja, ja!"

4. **Überprüfe folgende Aussagen und kreuze jeweils die richtige Antwort an!**

Die Eule hasst den Frühling, ...
O weil die warme Luft mein Gefieder austrocknet
O weil das grelle Sonnenlicht meinen Augen weh tut
O weil die Schneeglöckchen schon am Verwelken sind

Die Eule hasst den Sommer ...
O weil es viel zu heiß ist und ich ins Schwitzen gerate
O weil es viel zu kalt ist und ich den Ofen schüren muss
O weil es viel zu schwül ist und ich ins Schwitzen gerate

Die Eule hasst den Herbst ...
O weil die Stürme viel zu heftig über das Land sausen
O weil die Nebel meine sicht versperren
O weil die fetten Mäuse in den Speichern von mir nicht gefangen werden können

Die Eule hasst den Winter ...
O weil er kalt ist und sie an den Beinen friert
O weil sie auf dem Glatteis ausrutscht und sich verletzt
O weil sie den Schnee nicht im Gefieder haben will

5. **Unterstreicht den Satz, den der Spatz sagt, rot, und den Satz, den die Eule sagt, grün!**

„Nein, ich habe mich noch niemals gefreut, und ich werde mich auch nicht freuen!"

„Wozu lebst du denn, wenn du nur hassen kannst? Ich will mich freuen, dass es wieder Frühling geworden ist!"

| LESEN | Name: | Klasse: | Datum: | Nr. |

Fragen zum Text: Vogelgespräch im Frühling (Lösung)
(Inhalt und Gehalt erschließen)

Arbeitsaufgaben:

1. Welcher Satz ist aus dem Text entnommen?
   ○ An einem hellen Frühlingstag zu Beginn des Frühlings saß ein junger Spatz auf der Mauer eines zerfallenen Schlosses und pfiff ein Lied vor sich hin.
   ○ An einem hellen Sommertag zu Beginn des Sommers saß ein lustiger Spatz auf der Mauer eines zerfallenenen Schlosses und pfiff ein Lied vor sich hin.

2. Unterstreiche die Eigenschaften, die zum Spatz passen, rot, und die Eigenschaften, die zur Eule passen, grün!
   jung - mürrisch - alt - **lustig** - gebieterisch - **pfiffig** - wehleidig - grämlich - **munter**

3. Welche zwei Wörter sagt der Spatz stets doppelt? Unterstreiche!
   „So, so!" „Na, wenn schon!" „Aber, aber!" „Nein, nein!" „Ja, ja!"

4. Überprüfe folgende Aussagen und kreuze jeweils die richtige Antwort an!

Die Eule hasst den Frühling, ...
○ weil die warme Luft ihr Gefieder austrocknet
○ weil das grelle Sonnenlicht ihren Augen weh tut
○ weil die Schneeglöckchen schon am Verwelken sind

Die Eule hasst den Sommer ...
○ weil es viel zu heiß ist und sie ins Schwitzen gerät
○ weil es viel zu kalt ist und sie den Ofen schüren muss
○ weil es viel zu schwül ist und sie ins Schwitzen gerät

Die Eule hasst den Herbst ...
○ weil die Stürme viel zu heftig über das Land sausen
○ weil die Nebel ihre Sicht versperren
○ weil die fetten Mäuse in den Speichern von ihr nicht gefangen werden können

Die Eule hasst den Winter ...
○ weil er kalt ist und sie an den Beinen friert
○ weil sie auf dem Glatteis ausrutscht und sich verletzt
○ weil sie den Schnee nicht im Gefieder haben will

5. Unterstreicht den Satz, den der Spatz sagt, rot, und den Satz, den die Eule sagt, grün!
   „Nein, ich habe mich noch niemals gefreut, und ich werde mich auch nicht freuen!"

   „Wozu lebst du denn, wenn du nur hassen kannst? Ich will mich freuen, dass es wieder Frühling geworden ist!"

| LESEN | Name: | Klasse: | Datum: | Nr. |

Vogelgespräch im Frühling
(Inhalt und Gehalt erschließen)

Arbeitsaufgaben:

1. Die Geschichte vom fröhlichen Spatzen und der mürrischen Eule lässt sich in drei Bildern zusammenfassen.
Zeichnet und schreibt zu den Bildern drei passende Überschriften!

_____
_____
_____
_____

2. Eule und Spatz haben eine verschiedene Ansichten vom Leben.
Die Eule sagt:

Der Spatz sagt:

3. Die Geschichte will uns etwas erklären, wie wir das Leben sehen können. Schreibe deine Gedanken dazu auf!

_____
_____

| LESEN | Name: | Klasse: | Datum: | Nr. |

Lösung: Vogelgespräch im Frühling
(Inhalt und Gehalt erschließen)

Arbeitsaufgaben:

1. Die Geschichte vom fröhlichen Spatzen und der mürrischen Eule lässt sich in drei Bildern zusammenfassen.

Zeichnet und schreibt zu den Bildern drei passende Überschriften!

Eine mürrische Eule fühlt sich durch den Gesang eines Spatzen gestört.	*Ein fröhlicher Spatz versucht die Eule aufzumuntern.*	*Die Eule zieht sich mit grämlicher Miene zurück.*

2. Eule und Spatz haben eine verschiedene Ansicht vom Leben.

Die Eule sagt:

> *„Nein, ich habe mich noch niemals gefreut, und ich werde mich auch nicht freuen!"*

Der Spatz sagt:

> *„Wozu lebst du denn, wenn du nur hassen kannst? Ich will mich freuen, dass es wieder Frühling geworden ist!"*

3. Die Geschichte will uns etwas erklären, wie wir das Leben sehen können.
Schreibe deine Gedanken dazu auf!

individuelle Schüler- Meinungen

| LESEN | Name: | Klasse: | Datum: | Nr. |

Der Igel und der Maulwurf
(Einzelne Sprecher durch Farbmarkierungen kennzeichnen)

Von Aesop stammt folgende Fabel:

1 Als der Winter herannahte, spürte das auch der Igel. Er bat den
2 Maulwurf: „Mach mir doch ein wenig Platz in deiner warmen
3 Höhle!"
4 Der Maulwurf war gutmütig und erfüllte ihm den Wunsch. Doch
5 kaum lagen die beiden nebeneinander, da machte sich der Igel
6 breit und piekste den Maulwurf mit seinen spitzen Stacheln.
7 Da erkannte der Maulwurf, dass er voreilig gehandelt hatte,
8 und sagte: „Lieber Igel, in meiner Höhle ist es doch zu eng für
9 uns beide. Bitte, such dir einen anderen Platz!"
10 Aber der Igel lachte nur und rief: „Wenn es dir hier nicht mehr
11 gefällt, kannst du ja gehen! Ich fühle mich wohl und bleibe."

Arbeitsaufgaben:
1. Unterstreicht mit roter Farbe, was der Igel sagt!
2. Unterstreicht mit grüner Farbe, was der Maulwurf sagt!
3. Schreibt in die Sprechblasen, was die beiden Tiere sagen!

4. Lest die Geschichte mit verteilten Rollen!
5. Spielt die Geschichte!
6. Findet einen interessanten Schluss für die Geschichte:
Der Maulwurf erfindet eine List, um den Igel los zu werden ...

| LESEN | Name: | Klasse: | Datum: | Nr. |

Lösung: Der Igel und der Maulwurf
(Einzelne Sprecher durch Farbmarkierungen kennzeichnen)

Folienbild:

Arbeitsaufgaben:
1. Unterstreicht mit roter Farbe, was der Igel sagt!
„Mach mir doch ein wenig Platz in deiner warmen Höhle!"
„Wenn es dir hier nicht mehr gefällt, kannst du ja gehen! Ich fühle mich wohl und bleibe."
2. Unterstreicht mit grüner Farbe, was der Maulwurf sagt!
„Lieber Igel, in meiner Höhle ist es doch zu eng für uns beide. Bitte, such dir einen anderen Platz!"
3. Schreibt in die Sprechblasen, was die beiden Tiere sagen!

„Mach mir doch ein wenig Platz in deiner warmen Höhle!"

„Lieber Igel, in meiner Höhle ist es doch zu eng für uns beide. Bitte, such dir einen anderen Platz!"

„Wenn es dir hier nicht mehr gefällt, kannst du ja gehen! Ich fühle mich wohl und bleibe."

6. Findet einen interessanten Schluss für die Geschichte:
Der Maulwurf erfindet eine List, um den Igel los zu werden ...
... individuelle Schüler-Äußerungen

Der Igel und der Maulwurf
(Gesprächs- und Leseanreiz)

Folienbild: Was könnte in der Geschichte passieren?

Bild 1:

Bild 2:

| LESEN | Name: | Klasse: | Datum: | Nr. |

Der alte Löwe
(Gesprächs- und Leseanreiz)

Arbeitsaufgabe:
Zeichnet rund um den alten Löwen alle Tiere, wie sie auf ihn einbrüllen, ihn beschimpfen und drangsalieren!

Ich bin alt geworden und krank!

| LESEN | Name: | Klasse: | Datum: | Nr. |

Der alte Löwe
(Eine Hörspielfassung herstellen)
Der griechische Dichter Aesop hat folgende Fabel geschrieben:

1 Ein alter Löwe lag todkrank vor seiner Höhle. Die Tiere, denen er bisher Angst
2 eingejagt hatte, freuten sich darüber. Sie ließen nun ihren Hass an ihm aus.
3 Der Fuchs kränkte ihn mit Worten.
4 Der Wolf beschimpfte ihn derb.
5 Der Ochse stieß ihn mit den Hörnern und brüllte.
6 Das Wildschwein kratzte ihn mit den Hauern und grunzte.
7 Der Esel gab ihm mutig einen Fußtritt und schrie.
8 Nur das Pferd stand still dabei, obgleich der Löwe seine Mutter gefressen hatte.
9 Willst du ihm nicht auch etwas antun, fragte der Esel. Nein, sagte das Pferd, ich
10 möchte mich an keinem rächen, der wehrlos ist.

Arbeitsaufgabe:
Schreibt in Partnerarbeit auf, was folgende Tiere zum Löwen sagen:

Der Fuchs: _____

_____

Der Wolf: _____

_____

Der Ochse: _____

_____

Das Wildschwein: _____

_____

Der Esel: _____

_____

Der Esel: _____

Das Pferd: _____

_____

Lösung: Der alte Löwe
(Eine Hörspielfassung herstellen)

Folienbild:

Arbeitsaufgabe:
Schreibt in Partnerarbeit auf, was folgende Tiere zum Löwen sagen:

Der Fuchs kränkte ihn mit Worten:
„ O, du edler König der Tiere! Haben dich deine Kräfte verlassen?"

Der Wolf beschimpfte ihn derb:
„ Du gemeiner Lump! Es geschieht dir recht, wenn du endlich stirbst!"

Der Ochse brüllte:
„Früher haben wir dich gefürchtet, aber jetzt stoße ich dir mein Horn ins Fell!"

Das Wildschwein grunzte:
„Rache ist süß! Meine Hauer werden dich etwas kitzeln, du müder Leo!"

Der Esel schrie:
„Meinen Huf sollst du spüren, elendiger Fleischfresser, du Mörder meiner Kinder!"

Der Esel zum Pferd:
„Willst du ihm nicht auch etwas antun?"

Das Pferd zum Esel:
„Weißt du, lieber Esel, ich habe zwar meine Mutter durch diesen Löwen verloren. Aber: Ich möchte mich an dem alten, kranken Löwen nicht rächen. Er ist doch wehrlos, oder?"

| LESEN | Name: | Klasse: | Datum: | Nr. |

Die Nachtigall und der Pfau
(Einen Text analog gestalten)

Lies die Fabel genau durch:

1 Eine Nachtigall fand unter
2 den Vögeln des Waldes nur
3 Neider, aber keinen Freund.
4 *„Vielleicht finde ich bei*
5 *anderen Tieren*
6 *einen Freund",*
7 dachte die Nachtigall.
8 So flog sie aus dem Wald
9 heraus und suchte einen
10 Pfau auf.
11 *„Schöner Pfau,*
12 *ich bewundere dich",*
13 sagte die Nachtigall.
14 *„Ich dich auch, liebe*
15 *Sängerin",*
16 antwortete der Pfau.
17 *„Dann lass uns*
18 *Freunde sein",*
19 sprach die Nachtigall weiter.
20 *„Wir brauchen uns nicht*
21 *gegenseitig zu beneiden.*
22 *Dich sieht man gerne an,*
23 *und an mir liebt man die*
24 *Stimme."*
25 So wurden die Nachtigall
26 und der Pfau Freunde.

Arbeitsaufgaben:
1. Unterstreicht in roter Farbe, was die Nachtigall sagt!
2. Unterstreicht in grüner Farbe, was der Pfau sagt!
3. Schreibt die Fabel mit eigenen Worten auf!

| LESEN | Name: | Klasse: | Datum: | Nr. |

Lösung: Die Nachtigall und der Pfau
(Einen Text analog gestalten)

Lösungsvorschlag:
Alle Vögel des Waldes beneideten die Nachtigall wegen ihrer schönen Stimme. Sie hatte aber keinen Freund.
Deshalb flog sie aus dem Wald und suchte einen Pfau auf.
„*Prächtiger Pfau, ich bewundere dich*", schwärmte die Nachtigall. „*Ich dich auch, große Sängerin*", antwortete der Pfau.
„*Wollen wir Freunde werden?*", meinte die Nachtigall, „*wir sollten uns nicht gegenseitig beneiden. Du siehst gut aus, und ich singe vorzüglich.*"
Bald waren die Nachtigall und der Pfau gute Freunde.

Folienbild:

Arbeitsaufgaben:
1. Unterstreicht in roter Farbe, was die Nachtigall sagt!
„*Vielleicht finde ich bei anderen Tieren einen Freund.*"
„*Schöner Pfau, ich bewundere dich!*"
„*Dann lass uns Freunde sein! Wir brauchen uns nicht gegenseitig zu beneiden. Dich sieht man gerne an, und an mir liebt man die Stimme.*"
2. Unterstreicht in grüner Farbe, was der Pfau sagt!
„*Ich dich auch, liebe Sängerin!*"

| LESEN | Name: | Klasse: | Datum: | Nr. |

Der Spuk
(Partnerbezogenes Sprechen üben)

1 Es ist Abend. Die Mama sitzt im Sessel und liest die Zeitung. Uschi hockt auf
2 dem Teppich und fügt ein Legespiel zusammen. Es ist ein Gespensterlegespiel,
3 und zu einem Gespenst findet Uschi die linke Kopfhälfte nicht. Draußen stürmt
4 es.
5 „Ich krieg's nicht fertig", sagt Uschi.
6 Die Mama raschelt mit der Zeitung. „Was liest du?" fragt Uschi.
7 „Tja", sagt die Mama, „in einem Dorf im Norden heult jede Nacht um zwölf ein
8 Hund."
9 „Der arme!" sagt Uschi. „Warum heult er denn?"
10 „Das weiß kein Mensch", sagt die Mama. „Aber das Tollste ist, dass es in dem
11 Dorf überhaupt keinen Hund gibt."
12 „Iii", sagt Uschi, „das ist aber unheimlich."
13 In diesem Augenblick geht das Licht aus. Nur für eine Sekunde. „Mama!" schreit
14 Uschi und klammert sich an ihre Mutter.
15 „Das ist doch kein Grund zur Aufregung", sagt die Mama, „das macht der Sturm."
16 Sie liest weiter in der Zeitung. Uschi wartet noch einen Moment. Dann kehrt sie
17 zu ihrem Legespiel zurück.
18 „Mama", sagt Uschi. Sie hat das Stück vom Gespensterkopf gefunden. Da klopft
19 es. Die Mama blickt über die Zeitung hinweg Uschi an. Uschi sieht die Mama an.
20 Ihr ist innen ganz kalt.
21 „Es hat geklopft!" flüstert sie. „Das war nicht an der Tür", sagt die Mama leise.
22 Uschi macht keine Bewegung. Es ist schön und schrecklich, sich mit der Mama
23 zusammen zu fürchten.
24 „Wer ist da?" fragt die Mama endlich. „Ist da jemand?"
25 Niemand antwortet. Da steht die Mama trotz ihrer Furcht auf und schaut zum
26 Fenster hinaus. Das hätte Uschi nie fertiggebracht.
27 „Es war der Sturm", sagt die Mama. Sie schaut ins Nebenzimmer, in die Schrän-
28 ke und unter das Bett. Uschi springt auf. Jetzt will sie auch etwas unternehmen.
29 Sie öffnet alle Schubladen, das Backrohr und den Kühlschrank.
30 „Ist wer da?" ruft sie.
31 „Du hast vergessen, in der Zuckerdose nachzusehen", sagt die Mama.
32 Sie blicken einander an und lachen.   *Gina Ruck-Pauquet*

Arbeitsaufgaben:
1. Unterstreicht mit roter Farbe, was Uschi sagt!
2. Unterstreicht mit grüner Farbe, was die Mama sagt!
3. Lest die Geschichte mit verteilten Rollen!
4. Spielt den Text und verwendet Ausdrücke und Sätze aus der Geschichte!
5. Denkt euch in die Situation der beiden hinein:
   Wie äußert sich Angst beim Sprechen?

| LESEN | Name: | Klasse: | Datum: | Nr. |

Der Spuk
(Partnerbezogenes Sprechen im Spiel üben)

Es ist Abend. Die Mama sitzt im Sessel und liest die Zeitung. Uschi hockt auf dem Teppich und fügt ein Legespiel zusammen. Es ist ein Gespensterlegespiel, und Uschi findet ein Puzzleteil nicht. Draußen stürmt es.

Uschi: „Ich krieg's nicht fertig!"
(Mama raschelt mit der Zeitung)
Uschi: „Was liest du?"
Mama: „Tja, in einem Dorf im Norden heult jede Nacht um zwölf ein Hund."
Uschi: „Der arme! - - - ... Warum heult er denn?"
Mama: „Das weiß kein Mensch. Aber das Tollste ist, dass es in dem Dorf überhaupt keinen Hund gibt."
Uschi: „Iii, das ist aber unheimlich."
(Das Licht geht für eine Sekunde aus)
Uschi: „Mama!" (Uschi klammert sich an ihre Mutter)
Mama: „Das ist doch kein Grund zur Aufregung, das macht der Sturm."

Mama liest weiter in der Zeitung. Uschi wartet noch einen Moment. Dann kehrt sie zu ihrem Legespiel zurück.

Uschi: „Mama!"
(Uschi hat das Stück vom Gespensterkopf gefunden)

**Da klopft es. Die Mama blickt über die Zeitung hinweg Uschi an.
Uschi sieht die Mama an.**

Uschi (flüsternd): „Es hat geklopft!"
Mama (leise): „Das war nicht an der Tür"
Uschi (bewegungslos)
Mama: „Wer ist da? - - - ... Ist da jemand?"

Mama steht auf und schaut zum Fenster hinaus.

Mama: „Es war der Sturm"
**Sie schaut ins Nebenzimmer, in die Schränke und unter das Bett.
Auch Uschi springt auf. Sie öffnet alle Schubladen, das Backrohr und den Kühlschrank.**

Uschi: „Ist wer da?"
Mama: „Du hast vergessen, in der Zuckerdose nachzusehen"
Sie blicken einander an und lachen.

| LESEN | Name: | Klasse: | Datum: | Nr. |

Der Regenschirm
(Partnerbezogenes Sprechen üben)

Er: Frau, - was meinst: Sollt ich net einen Regenschirm mitnehmen?

Sie: Wie d'willst, Hansl!

Er: Mir scheint, es wird net aushalt'n heut! Es ist so schwül, und die Fliegen schwirrn so in der Luft rum. Es wird gut sein, wenn ich meinen Regenschirm mitnehm!

Sie: Hast recht: nimmst'n mit!

Er: Aber der Spaziersteckn wär zum Gehn bequemer! Wenn's am End doch schön bleibt, dann steht mir der Schirm bloß im Weg. Ich vergess' auch gar z'leicht d'rauf und lass'n am End gar wo steh'n! Es wird doch bestimmt gscheiter sein, ich nehm den Steckn und lass den Schirm daheim.

Sie: So lasst'n halt da!

Er: Aber wenns regnt! Aufm ganzen Weg über die Alm ist nirgends ein Dach. Ich kann mi net unterstelln!

Sie: Dann nimmst'n mit.

Er: Aber es is halt gar kein schöner Schirm! So alt, - so zerriss'n! Gar schämen muss ich mich mit dem!

Sie: Na lasst'n da!

Er: Wenn i aber patschnass werd - he? Es wär doch eben besser vorgesorgt, wenn ich ihn mitnehmen tät.

Sie: Dann nimmst'n mit!

Er: Es könnt aber doch auch net unmöglich sein, dass es aushält! Es geht so ein schön's Lüfterl.

Sie: Dann lasst'n da!

Er: Es könnt aber auch ein Regenlüfterl sein! Solche Lüftl ist net z'traun!

Sie: Dann nimmst'n mit!

Er: Umständlich ist er mir halt doch, und besser wär der Steckn. Ich möchts probiern, dass ich'n dalass, den Schirm.

Sie: Na lasst'n da!

Er: Aber schau nur die Wolkn an! Es steigt ganz schwarz auf da hinten. Schaut aus, wie ein Gewitter!

Sie: Dann nimmst'n mit!

Er: Aber es hat sich scho manches Gewitter verzogn! Und wenns wieder kommt, das Gewitter, dann kommts am End erst heut auf d'Nacht und bis dahin bin ich lang wieder daheim!

Sie: Na lasst'n da!

Er: Aber die Sunn! - Die Sunn! Die gefallt mir gar net. Die zieht Wasser! Sag selber, ob die net Wasser zieht? Ich glaub, es kommt doch was heut!

Sie: Dann nimmst'n mit!

Er: Es könnt aber auch erst morgen früh kommen, oder gar erst übermorgen!

Sie: Da lasst'n da!

| LESEN | Name: | Klasse: | Datum: | Nr. |

Er: Aber halt mein Katarrh! - Weißt doch, dass ich so leicht an Katarrh kriegt bei meiner zarten Natur. Immer wenn ich in die Nässn komm, läuft mir gleich die Nasn.

Sie: Dann nimmst'n mit!

Er: Und mit'n Reißmatisl hab ich auch schon z'tun gehabt, - du weißt's doch noch! Aber da tuts mir denn immer ganz gut, wenn ich ein bissl in die Hitz komm und eine Feuchtn spür!

Sie: Dann lasst'n da.

Er: So, - und an meine neue Joppn denkst gar net? Hab ich net erst dem Schneider einen Haufn Geld hingelegt fürs Wenden? Wenn die in Regn kommt, verliert die ganze Fassong!

Sie: Dann nimmst'n mit!

Er: (wild) Herrschaftseitn! - Was heißt des: Nimm ihn mit, - lasst'n da! Des Rumziehn einmal so, einmal so, des kann ich für mein Tod net leidn! - Dass ihr gar so wankelmütig seid, ihr Weiber! Jetzt nehm ich extra nichts mit!

Arbeitsaufgaben:
1. Erklärt euch gegenseitig, welche Wörter ihr nicht versteht!
2. Lest den Text in Hochdeutsch!
3. Versucht euch den Text von Peter Rossegger in Mundart vorzulesen!
4. Unterstreicht, was der Mann, der Thaddäus heißt, sagt rot, und was seine Frau sagt, grün!
5. Lest nun mit verteilten Rollen!
6. Spielt das Stück wie im Theater mit einigen Requisiten und alten Trachten!
7. Welcher Münchner Schriftsteller und Kommödiant hätte diese Szene auch schreiben und spielen können?
8. Schreibt selbst ein ähnliches Theaterstück!

| LESEN | Name: | Klasse: | Datum: | Nr. |

Der Brunnen des heiligen Gangolf
(Die Kernaussage mit eigenen Worten wiedergeben)

1 Sankt Gangolf war ein frommer Reitersmann. Einmal streifte
2 er mit seinem Begleiter durch die Lande. Die glühende Som-
3 mersonne brannte erbarmungslos auf Mensch und Tier nieder
4 und die bieden Reiter glaubten verdursten zu müssen.
5 Als sie endlich an einer Burg ankamen, hofften sie dort Wasser
6 zu finden. Doch sie hatten sich getäuscht. Erst unten im Tal
7 fanden sie eine starke Quelle, aus der frisches Wasser floss.
8 Die Quelle war aber mit einem Zaun umgeben. Der Besitzer
9 des Grundstücks war ein Geizhals, der nur gegen Bezahlung
10 vom Quellwasser an seine Mitmenschen abgab. Gangolf füllte
11 seinen Helm mit dem kostbaren Nass und auch seinem Pferd
12 gab er zu saufen. Das gleiche tat sein Begleiter.
13 Dann ritten die beiden Männer wieder bergwärts auf die Burg
14 zu. Gangolf hatte aber noch einen kleinen Rest des Wassers in
15 seinem Helm. Vor dem Burgtor angekommen, schüttete der
16 fromme Mann das Wasser auf den Boden und flehte zu Gott:
17 „Herr, ich bitte dich! Lass das Wasser hier als Quelle fortrinnen,
18 auf dass es niemals aufhöre zu fließen und allen Wandersleuten
19 den Durst stillen möge!"
20 Plötzlich sprudelte an dieser Stelle eine Quelle aus dem Boden
21 und im gleichen Augenblick versiegte unten im Garten des
22 Geizhalses das Wasser.
23 Noch heute fließt in der Rhön an der Milseburg heilkräftiges
24 Wasser aus dem Boden und der Brunnen heißt bei den Einhei-
25 mischen Gangolfsborn.

Arbeitsaufgaben:
1. Wie denkt ihr über das Verhalten des Geizhalses?
2. Darf man Geld für Quellwasser verlangen?
3. Wem gehört das Wasser, das aus der Erde kommt?
4. Was dachte Sankt Gangolf, als er für das Quellwasser bezahlen musste?
5. Welche Lehre versteckt sich in dieser Geschichte?
6. Was lernst du aus dieser Geschichte, die Legende genannt wird?

| LESEN | Name: | Klasse: | Datum: | Nr. |

Der Brunnen des heiligen Gangolf
(Die Kernaussage mit eigenen Worten wiedergeben)

Folienbild:

Mögliche Kernaussagen:

Das Wasser gehört allen Menschen.

Man darf mit Wasser, das allen gehört, keine Geschäfte machen.

Geiz wird von einer höheren Gewalt bestraft.

Gib durstigen Menschen zu trinken, sei gastfreundlich und nütze die Notlagen anderer Mitmenschen nicht aus!

| LESEN | Name: | Klasse: | Datum: | Nr. |

Der Turmaffe von München
(Einzelüberschriften finden)

1 In früheren Zeiten hielten sich die hohen Herren
2 bei Hofe nicht nur Narren, sondern auch Affen,
3 um sich kurzweilig die Zeit zu vertreiben.
4 Auch der Herzog von Bayern hatte einen solchen
5 Hofaffen. Dieser war bei seiner Familie so beliebt,
6 dass er im ganzen Schloss nach Belieben
7 herumsausen durfte.

Arbeitsaufgabe:
Malt ein Bild zum Text und schreibt dazu eine Überschrift!

8 Eines Tages geschah es aber, dass der Affe
9 zufällig ganz allein in dem Zimmer war,
10 wo in einer Wiege der kleine Sohn des
11 Herzogs unbeaufsichtigt lag.
12 Der Affe, der schon oft das Kindermädchen
13 beim Wiegen des Säuglings beobachtet hatte,
14 wiegte und schaukelte nun seinerseits das Baby
15 nach Herzenslust. Er schloss den Säugling fest
16 in seine Affenhände und fing an, fröhlich mit
17 dem Kind im Zimmer hin und her zu rennen.

Arbeitsaufgabe:
Malt ein Bild zum Text und findet dazu eine Überschrift!

18 Gerade in diesem Augenblick kam das
19 Kindermädchen zur Türe herein und
20 stieß einen lauten Schrei des Entsetzens aus,
21 als sie den kleinen Prinzen in den Pranken
22 des rauhen Tieres sah. Auch der Affe erschrak
23 fürchterlich und rannte mit dem Kind davon.
24 Das Kindermädchen folgte ihm über die
25 Treppen und Flure des Schlosses bis hinauf
26 unters Dach. Dort fand der Affe eine Luke,
27 schlüpfte mit dem Baby hinaus und setzte sich
28 auf die Spitze des Erkerturms.

| LESEN | Name: | Klasse: | Datum: | Nr. |

Arbeitsaufgabe:
Malt ein Bild zum Text und schreibt dazu eine Überschrift!

29 Nun war guter Rat teuer. Die herzogliche Familie
30 stand in Todesangst gebannt unten und blickte
31 sorgenvoll auf das Dach. Der Herzog gab den Befehl,
32 den Affen nicht mehr zu verfolgen.
33 Eine Stunde lang saß nun der Affe hoch oben über
34 den Dächern von München, immer noch den
35 herzoglichen Säugling fest im Griff.

Arbeitsaufgabe:
Malt ein Bild zum Text und schreibt dazu eine Überschrift!

36 Als der Affe aber sah, dass alles wieder ruhig wurde
37 und seine Verfolger verschwunden waren, trat er seinen
38 Rückzug an. Er kletterte über die Dachziegel zurück
39 zur Luke und brachte das Kind unversehrt
40 in die Wiege zurück.
41 Die Freude bei der herzoglichen Familie war groß.
42 Aber nunmehr durfte der Hofaffe sich nicht mehr
43 in den fürstlichen Zimmern sehen lassen.

Arbeitsaufgabe:
Malt ein Bild zum Text und schreibt dazu eine Überschrift!

44 Als Andenken an ihn ließ der Herzog
45 einen Affen in Stein hauen, der noch
46 heute auf einer Zinne des Turmes auf
47 die Fußgänger in der Münchener
48 Innenstadt herniederschaut.

Mögliche Lösungen:
zu Bild 1: In der herzoglichen Familie ist ein Affe der Liebling aller.
zu Bild 2: In einem unbeaufsichtigten Moment reißt der Affe das Baby an sich.
zu Bild 3: Am Ende seiner Flucht sitzt der Affe mit dem Kind auf der Turmspitze.
zu Bild 4: Der Herzog befiehlt das Ende der Verfolgung.
zu Bild 5: Der Affe bringt den Prinzen sicher wieder zurück in die Wiege.

Der Turmaffe von München
(Gesprächs- und Leseanreiz)

*Folienbild: Herzog Heinrich und seine Frau mit Babywiege -
Was könnte in der Geschichte geschehen?*

| LESEN | Name: | Klasse: | Datum: | Nr. |

Die verwehten Denkzettel
(Texte in Bilder umsetzen)

Schreibt in die Sprechblasen, was die Nachbarn dem Kaufmann auftragen!

Schreibt in die Sprechblasen, was die Nachbarn sagen, als der Kaufmann ohne Waren zurückkommt!

Die verwehten Denkzettel
(Den Inhalt bilderisch umsetzen)

1 Ein Krämer wollte von seiner Heimatstadt Mainz aus nach Frankfurt zur Messe
2 reisen, um dort allerlei für seine eigene Krämerei einzukaufen. Bevor er weg-
3 fuhr, baten ihn viele seiner Nachbarn, ihnen auch dieses oder jenes von der Mes-
4 se mitzubringen. Es waren aber so viele Wünsche dabei, dass der Krämer seine
5 Nachbarn bat, alles auf besondere Denkzettel zu schreiben. Er wollte ja niemand
6 vergessen.
7 Das taten auch die Nachbarn, und schon bald brachte jeder seinen Denkzettel
8 dem Krämer. Geld aber hatte seinem Denkzettel nur ein einziger hinzugefügt;
9 das war der Schäfer. Für ihn sollte der Krämer eine neue Sackpfeife von der
10 Messe mitbringen. Also legte zu diesem Zweck der Schäfer seinen Taler dazu.
11 Als das Schiff, auf dem der Krämer die Reise von Mainz nach Frankfurt zurück-
12 legte, sich der Messestadt näherte, überdachte der Krämer noch einmal alles,
13 was er zu besorgen hatte. Er hatte aber kaum mehr Geld bei sich, als er für seine
14 eigenen Einkäufe brauchte, und er wollte daher noch einmal einen Überschlag
15 machen, wie weit sein Geld wohl zur Bestreitung der Käufe, die er für seine
16 Nachbarn machen sollte, reichen würden. Er legte deshalb alle die Denkzettel,
17 die man ihm mitgegeben hatte, vor sich hin.
18 Plötzlich kam ein Windstoß und führte alle Zettel in den Main. Nur der des Schä-
19 fers blieb liegen, weil er mit dem Taler beschwert war.
20 Als der Krämer wieder nach Hause kam, war die Sackpfeife das einzige, was er
21 für seine Nachbarn eingekauft hatte. Den übrigen Bestellern gegenüber entschul-
22 digte er sich, indem er ihnen erzählte, wie es ihm auf dem Schiff ergangen sei
23 und wie ihre Denkzettel zu leicht gewesen wären.

Arbeitsaufgabe:
Zeichnet zur Geschichte drei Bilder und findet dazu jeweils eine Überschrift!

| LESEN | Name: | Klasse: | Datum: | Nr. |

Gruppe 1: Die verwehten Denkzettel
(Den Inhalt bildnerisch umsetzen)

Folienbild:

Arbeitsaufgabe:
Zeichnet zur Geschichte drei Bilder und findet dazu jeweils eine Überschrift!

Ein Krämer soll für seine Nachbarn von der Frankfurter Messe verschiedene Waren mitbringen.

Nur der Schäfer legt zu seinem Denkzettel auch das nötige Geld dazu.

Der Krämer bringt nur dem Schäfer die Ware aus Frankfurt mit.

| LESEN | Name: | Klasse: | Datum: | Nr. |

Gruppe 2: Die verwehten Denkzettel
(Umgestellte Texte in die richtige Reihenfolge bringen)

1 Plötzlich kam ein Windstoß und führte alle Zettel in den Main. Nur der des Schä-
2 fers blieb liegen, weil er mit dem Taler beschwert war.

3 Das taten auch die Nachbarn, und schon bald brachte jeder seinen Denkzettel
4 dem Krämer. Geld aber hatte seinem Denkzettel nur ein einziger hinzugefügt;
5 das war der Schäfer. Für ihn sollte der Krämer eine neue Sackpfeife von der
6 Messe mitbringen. Also legte zu diesem Zweck der Schäfer seinen Taler dazu.

7 Als das Schiff, auf dem der Krämer die Reise von Mainz nach Frankfurt zurück-
8 legte, sich der Messestadt näherte, überdachte der Krämer noch einmal alles,
9 was er zu besorgen hatte. Er hatte aber kaum mehr Geld bei sich, als er für seine
10 eigenen Einkäufe brauchte, und er wollte daher noch einmal einen Überschlag
11 machen, wie weit sein Geld wohl zur Bestreitung der Käufe, die er für seine
12 Nachbarn machen sollte, reichen würden. Er legte deshalb alle die Denkzettel,
13 die man ihm mitgegeben hatte, vor sich hin.

14 Als der Krämer wieder nach Hause kam, war die Sackpfeife das einzige, was er
15 für seine Nachbarn eingekauft hatte. Den übrigen Bestellern gegenüber entschul-
16 digte er sich, indem er ihnen erzählte, wie es ihm auf dem Schiff ergangen sei
17 und wie ihre Denkzettel zu leicht gewesen wären.

18 Ein Krämer wollte von seiner Heimatstadt Mainz aus nach Frankfurt zur Messe
19 reisen, um dort allerlei für seine eigene Krämerei einzukaufen. Bevor er weg-
20 fuhr, baten ihn viele seiner Nachbarn, ihnen auch dieses oder jenes von der Mes-
21 se mitzubringen. Es waren aber so viele Wünsche dabei, dass der Krämer seine
22 Nachbarn bat, alles auf besondere Denkzettel zu schreiben. Er wollte ja niemand
23 vergessen.

Arbeitsaufgaben:
Leider sind im Text oben die Abschnitte vertauscht worden:
1.
Schneidet die Textabschnitte aus und ordnet sie in der richtigen Reihenfolge!
2.
*Klebt die einzelnen Teile der Geschichte in der richtigen Reihenfolge unterein-
ander in euer Heft ein!*
3.
Erstellt für jeden Textteil eine passende Teilüberschrift!

| LESEN | Name: | Klasse: | Datum: | Nr. |

Gruppe 3: Die verwehten Denkzettel
(Gedanken anderer Personen nachvollziehen)

1 Ein Krämer wollte von seiner Heimatstadt Mainz aus nach Frankfurt zur Messe
2 reisen, um dort allerlei für seine eigene Krämerei einzukaufen. Bevor er weg-
3 fuhr, baten ihn viele seiner Nachbarn, ihnen auch dieses oder jenes von der Mes-
4 se mitzubringen. Es waren aber so viele Wünsche dabei, dass der Krämer seine
5 Nachbarn bat, alles auf besondere Denkzettel zu schreiben. Er wollte ja niemand
6 vergessen.

7 Das taten auch die Nachbarn, und schon bald brachte jeder seinen Denkzettel
8 dem Krämer. Geld aber hatte seinem Denkzettel nur ein einziger hinzugefügt;
9 das war der Schäfer. Für ihn sollte der Krämer eine neue Sackpfeife von der
10 Messe mitbringen. Also legte zu diesem Zweck der Schäfer seinen Taler dazu.
11 Als das Schiff, auf dem der Krämer die Reise von Mainz nach Frankfurt zurück-
12 legte, sich der Messestadt näherte, überdachte der Krämer noch einmal alles,
13 was er zu besorgen hatte. Er hatte aber kaum mehr Geld bei sich, als er für seine
14 eigenen Einkäufe brauchte, und er wollte daher noch einmal einen Überschlag
15 machen, wie weit sein Geld wohl zur Bestreitung der Käufe, die er für seine
16 Nachbarn machen sollte, reichen würden. Er legte deshalb alle die Denkzettel,
17 die man ihm mitgegeben hatte, vor sich hin.

18 Plötzlich kam ein Windstoß und führte alle Zettel in den Main. Nur der des Schä-
19 fers blieb liegen, weil er mit dem Taler beschwert war.

20 Als der Krämer wieder nach Hause kam, war die Sackpfeife das einzige, was er
21 für seine Nachbarn eingekauft hatte. Den übrigen Bestellern gegenüber entschul-
22 digte er sich, indem er ihnen erzählte, wie es ihm auf dem Schiff ergangen sei
23 und wie ihre Denkzettel zu leicht gewesen wären.

Arbeitsaufgaben:
Schreibt zu folgenden Szenen die Gedanken des Krämers in die Sprechblase:

1. Er bittet die Nachbarn, die Wünsche auf einen Denkzettel zu schreiben, weil er allen einen Gefallen tun will ...
2. Er sitzt auf dem Deck des Schiffes und überdenkt noch einmal die ganze Sache ...
3. Als der Wind die Denkzettel in den Main bläst, ist der Krämer vermutlich sogar erleichtert ...
4. Bei der Ankunft in Mainz entschuldigt sich der Krämer bei seinen Nachbarn ..
5. Der Krämer weiß auch dem Schäfer etwas zu sagen ...

Keine Angst vor Türken
(Sich kritisch mit Texten auseinander setzen)

1 Ich heiße Martin. Wenn ich mittags aus der Schule komme, ist meine Mutter
2 noch nicht da. Sie arbeitet bis halb zwei in einer Gastwirtschaft, und ich kann
3 ruhig ein bisschen trödeln. Bei uns in der Straße wird ein neues Sparkassenhaus
4 gebaut, da gibt es eine Menge zu sehen. Jeden Mittag gucke ich zu, wie das Haus
5 größer und größer wird. Die Bauarbeiter und ich, wir kennen uns gut. Sie winken
6 und rufen, wenn ich komme. Es sind fast nur Türken. Wenn sie deutsch sprechen,
7 hört es sich komisch an. Aber das macht nichts. Hauptsache, ich verstehe sie.
8 Früher habe ich mich vor den Türken gefürchtet. Die Chefin von meiner Mutter
9 hat lauter Schlechtes über sie erzählt, bloß, weil ein paar von denen mal in ihrer
10 Wirtschaft Krawall gemacht haben.
11 „Diesen Fremden darf man nicht trauen", hat sie gesagt. „Wenn man schon ihre
12 Augen sieht! Zum Fürchten! Am besten gar nicht mit ihnen reden."
13 Meine Oma hat beinahe das gleiche gesagt, unser Hausmeister auch. Nur meine
14 Mutter nicht. Die findet, es gibt überall Gute und Böse, und auch Deutsche ma-
15 chen öfter mal Krawall. Aber ich habe trotzdem Angst vor den Türken gehabt,
16 und wenn ich an der Baustelle stand und einer mit mir sprechen wollte, bin ich
17 schnell weggerannt. Die Türken haben gelacht und hinter mir hergerufen: „Jun-
18 ge! Nix laufen! Wir nix fressen Kind!" Doch ich bin trotzdem weitergerannt. Bis
19 ich eines Tages mal hingefallen bin. Warum weiß ich nicht. Mein Kinn ist auf
20 den Bordstein geknallt, und ich musste heulen, ob ich wollte oder nicht.
21 Als ich so plötzlich auf der Straße saß und heulte, standen auf einmal zwei Tür-
22 ken von der Baustelle neben mir. Sie hielten Bierflaschen in der Hand, weil gera-
23 de Mittagspause war. „Junge, nix weinen", sagten sie. „Kopf dran, Nase dran,
24 bloß bisschen Blut."
25 Sie haben mich mit in ihre Baubude genommen und mir ein Pflaster aufs Kinn
26 geklebt. Dann musste ich eine Menge Schokolade essen. Eigentlich mag ich Salz-
27 stangen und Kartoffelchips lieber. Aber weil die Türken so freundlich waren und
28 immer wieder „Viel essen! Essen gutt!" riefen, habe ich das nicht gesagt.
29 Seitdem lachen wir - die Türken auf dem Bau und ich - uns immer an und reden
30 miteinander. Und wenn die Chefin von meiner Mutter und meine Oma und der
31 Hausmeister jetzt behaupten, dass die Türken schlechter sind als andere, dann
32 glaube ich es nicht mehr und sage das auch. *Irina Korschunow*

Arbeitsaufgaben:
1. Warum hatte Martin anfangs Angst vor den türkischen Bauarbeitern?
2. Was passierte, als Martin an den Bordstein knallte und heulte?
3. Wie denkt ihr über die Meinung der Chefin, der Oma und des Hausmeisters?
4. Wie denkt Martins Mutter über die Türken?
5. Was bedeutet der Satz: „Es gibt überall Gute und Böse"?
6. Welche Erlebnisse hattet ihr schon mit ausländischen Mitbürgern?

Der freundliche Taxischofför
(Gedanken und Handlungen von anderen Personen nachvollziehen)

1 Es war einmal ein freundlicher Taxischofför, der hatte ein schönes schwarzes
2 Taxi. Es war ein wirklich vornehmes Auto, und sein Motor lief, ohne zu klap-
3 pern. Es war nur ein bisschen altmodisch. Das war der Grund, warum der freund-
4 liche Taxischofför das ganze Jahr vergebens auf Fahrgäste wartete. Immer wie-
5 der rief er: „Kommen Sie, meine Herrschaften, steigen Sie ein!" Aber nur wenn
6 es regnete und alle die bunten modernen Taxis schon besetzt waren, wollte manch-
7 mal jemand mit ihm durch die Stadt fahren. Er war sehr arm.
8 Eines Tages dachte sich der freundliche Taxischofför: Wenn ich meinen lieben
9 kleinen Esel neben meinem Auto anbinde, dann werden Kinder ihn streicheln
10 wollen, und dann werden die Eltern mein Taxi bemerken und gleich einsteigen.
11 Aber niemand kam. Vielleicht kommt deshalb niemand, überlegte der
12 Taxischofför, weil die Leute mein Taxi nicht gut sehen können, es ist zu dunkel.
13 Er holte Farbe aus der Stadt und malte das Auto mit gelber Farbe an. Aber als
14 alles fertig war, sah das Auto wie ein Postauto aus. „Ich werde es mit Grün versu-
15 chen. Grün ist auch eine schöne Farbe", sagte der freundliche Schafför. Aber nun
16 sah das Taxi wie ein Polizeiauto aus. „Ich nehme die rote Farbe!" sagte er jetzt.
17 Rot war wirklich schön, sehr schön sogar! Weil etwas rote Farbe übrigblieb,
18 malte er auch gleich seinen Esel rot an. Doch das Taxi sah nun einem Feuerwehr-
19 auto gleich, und der Taxifahrer sagte: „Schade, aber das geht nun erst recht nicht!"
20 Und er kam zu dem Schluss: Wie es vorher war, so war es am besten." Er schabte
21 alle Farben ab, und als das Taxi wieder schwarz war, polierte er es, bis es glänzte
22 und blitzte und strahlte wie neu. Halt, dachte der freundliche Taxischofför dann,
23 mein Esel ist immer noch rot. Er holte Wasser und Seife und wollte die Farbe
24 abwaschen. Aber so sehr er auch bürstete, der Esel blieb rot. Da kamen Fremde
25 aus dem Bahnhof, und sie wunderten sich sehr über den roten Esel. „Ein roter
26 Esel!" riefen sie durcheinander. Alle wollten den roten Esel aus der Nähe be-
27 trachten. Immer mehr Leute kamen. „Wer hätte das gedacht!" sagte der freundli-
28 che Taxischofför. Dann begann er aus voller Kehle zu rufen: „Steigen Sie ein,
29 meine Herrschaften, nehmen Sie mein schönes Taxi!"
30 Da blickten alle die Fremden zu ihm hin, und zum erstenmal sahen Leute, wie
31 schön sein Taxi wirklich war. „Was für ein schönes altes Taxi!" riefen sie und
32 wollten gleich einsteigen. Zur ersten Fahrt drängten sich acht Leute in sein Auto,
33 obwohl nur Platz für vier gewesen wäre. Als das Taxi zurückkam, warteten im-
34 mer noch Leute da, weil sie nur mit diesem schönen alten Auto fahren wollten.
35 Immer und immer wieder wurde das Taxi voll, bis zum Abend.
36 Als alle Fremden in die Stadt geführt waren, kaufte der Taxifahrer einen großen
37 Sack Feigen und Zucker für seinen roten Esel. Nun begann eine gute Zeit für die
38 beiden, denn fast alle Fremden fotografierten den roten Esel und wollten mit
39 dem berühmten alten Taxi fahren, und die Männer in den bunten neumodischen
40 Taxis machten ziemlich lange Gesichter!   *nach Reiner Zimnik*

| LESEN | Name: | Klasse: | Datum: | Nr. |

Fragen zum Text: „Der freundliche Taxischofför"
(Gedanken und Handlungen von anderen Personen nachvollziehen)

1. Warum stiegen anfangs die Leute kaum in das schwarze Auto des freundlichen Taxischofförs?

O Es war ihnen zu vornehm
O Der Motor klapperte ziemlich laut
O Es war ein bisschen altmodisch

2. Mit welchem Ausspruch lockte der Taxischofför seine Fahrgäste?

O „Kommen Sie, meine Herrschaften, mein Taxi ist besonders komfortabel!"
O „Kommen Sie, meine Herrschaften, steigen Sie ein!"
O „Kommen Sie, meine Herrschaften, steigen Sie stets rechts ein, weil die linke Tür klemmt!"

3. Welche Idee hatte der freundliche Taxischofför mit seinem Esel? Kreuzt den richtigen Satz an!

O Wenn ich meinen lieben kleinen Esel neben meinem Auto anbinde, dann werden Kinder ihn streicheln wollen, und dann werden die Eltern mein Taxi bemerken und gleich einsteigen.
O Wenn ich meinen lieben kleinen Esel auf mein Auto stelle, dann werden ihn alle Leute sehen und auf mein Taxi aufmerksam werden.

4. Malt die Bilder in der richtigen Reihenfolge an und schreibt darunter, mit was das Taxi verwechselt werden konnte!

---

4. In welcher Farbe stand immer noch der Esel neben dem neuen, alten Taxi?

Er war   grau - schwarz - gelb - grün - rot

5. Was sagte der Taxischofför, als Fremde plötzlich Interesse an Esel und Taxi zeigen?

O „Wer kommt zu so später Stunde zu mir?"
O „Wer hätte das gedacht!"
O „Je später der Abend, umso netter die Gäste!"

6. Denkt der Taxifahrer im Glück auch an den Esel?

O Er kauft ihm einen großen Sack Feigen und Zucker.
O Er kauft sich gleich ein neues modernes Taxi.
O Er kauft dem Esel einen neuen Stall.

7. Schreibt in die Sprechblase, was der Taxischofför denkt, als er endlich viel Geld mit seinem Auto verdient!

| LESEN | Name: | Klasse: | Datum: | Nr. |

Fragen zum Text: Der freundliche Taxischofför (Lösung)
(Gedanken und Handlungen von anderen Personen nachvollziehen)

1. Warum stiegen anfangs die Leute kaum in das schwarze Auto des freundlichen Taxischofförs?
O Es war ihnen zu vornehm
O Der Motor klapperte ziemlich laut
O Es war ein bisschen altmodisch

2. Mit welchem Ausspruch lockte der Taxischofför seine Fahrgäste?
O „Kommen Sie, meine Herrschaften, mein Taxi ist besonders komfortabel!"
O „Kommen Sie, meine Herrschaften, steigen Sie ein!"
O „Kommen Sie, meine Herrschaften, steigen Sie stets rechts ein, weil die linke Tür klemmt!"

3. Welche Idee hatte der freundliche Taxischofför mit seinem Esel? Kreuzt den richtigen Satz an!
O Wenn ich meinen lieben kleinen Esel neben meinem Auto anbinde, dann werden Kinder ihn streicheln wollen, und dann werden die Eltern mein Taxi bemerken und gleich einsteigen.
O Wenn ich meinen lieben kleinen Esel auf mein Auto stelle, dann werden ihn alle Leute sehen und auf mein Taxi aufmerksam werden.

4. Malt die Bilder in der richtigen Reihenfolge an und schreibt darunter, mit was das Taxi verwechselt werden konnte!

gelbes Postauto   grünes Polizeiauto   rote Feuerwehr   schwarzes Taxi

4. In welcher Farbe stand immer noch der Esel neben dem neuen, alten Taxi?
Er war   grau - schwarz - gelb - grün - *rot*

5. Was sagte der Taxischofför, als Fremde plötzlich Interesse an Esel und Taxi zeigen?
O „Wer kommt zu so später Stunde zu mir?"
O „Wer hätte das gedacht!"
O „Je später der Abend, umso netter die Gäste!"

6. Denkt der Taxifahrer im Glück auch an den Esel?
O Er kauft ihm einen großen Sack Feigen und Zucker.
O Er kauft sich gleich ein neues modernes Taxi.
O Er kauft dem Esel einen neuen Stall.

7. Schreibt in die Sprechbalse, was der Taxischofför denkt, als er endlich viel Geld mit seinem Auto verdient!

Ich habe immer schon gewusst, dass ich ein wunderschönes Taxi habe.

Wenn ich die Idee mit dem roten Esel nicht gehabt hätte, würden die Leute immer noch an meinem Taxi vorbeigehen!

| LESEN | Name: | Klasse: | Datum: | Nr. |

Der freundliche Taxischofför
(Gesprächs- und Leseanreiz)

Folienbilder: Was könnte in unser Geschichte geschehen?

| LESEN | Name: | Klasse: | Datum: | Nr. |

Aufräumen
(Gesprächs- und Leseanreiz)

Folienbild: Warum macht Unordnung im Kinderzimmer manchmal richtig Spaß?

| LESEN | Name: | Klasse: | Datum: | Nr. |

Aufräumen
(Innere Vorstellungen zum Ausdruck bringen)

1 „Kinder, wie sieht es hier aus!"
2 Die Mutter hat Mühe, ins Zimmer zu kommen. Bettina, Stefan und Anita spielen
3 „Wohnung". Überall sind „Zimmer": unter dem Tisch, unter den umgestürzten
4 Sesseln, hinter Decken und Kissen und Puppenkästen. Sie haben es sehr gemüt-
5 lich. Doch die Mutter sagt: „Aufräumen, schnell!" Das ist kein Zimmer, das ist
6 eine Räuberhöhle. Frau Vogel kommt, mit Gabi!"
7 „Vielleicht will Gabi mit uns Wohnung spielen", meint Anita.
8 „Gabi darf in ihrem Zimmer bestimmt nicht so eine Unordnung machen. Schluss
9 jetzt, wir räumen auf!"
10 Und es geht los: Bausteine in den Plastikkorb, Puppenkleider in die Waschpulver-
11 tonne, das Geschirr in eine Schachtel, die Möbel ins Puppenhaus, die Decken in
12 die Truhe ...
13 „Aber nicht ein einziges Stück ist an seinem gewohnten Platz!" schimpft die
14 Mutter zwischendurch. „Dass so etwas möglich ist!"
15 Endlich ist das Zimmer wieder in Ordnung. „Merkt euch", sagt die Mutter zum
16 Abschluss, „das war das letztemal, dass ich euch geholfen habe." Sie hat das
17 schon hundertmal gesagt.
18 Da bremst ein Auto vor dem Haus. Frau Vogel kommt.
19 „Wie ordentlich bei Ihnen alles ist. Man würde gar nicht glauben, dass Sie drei
20 Kinder haben!" sagt Frau Vogel, als sie ins Kinderzimmer schaut. Die Mutter
21 lächelt. Gabi ist schon bei den Kindern. „Bettina", sagt sie, „spielen wir jetzt
22 Wohnung? Du hast es mir versprochen!"
23 „Prima! Gut, dass wir aufgeräumt haben!" schreit Stefan, wirft gleich zwei Kis-
24 sen auf den Boden und reißt die Decke aus der Truhe. Bettina holt die Schachtel
25 mit dem Puppengeschirr und stülpt sie kopfüber auf den Boden. Anita rückt den
26 Puppenkasten wieder in die Mitte ...
27 Frau Vogel sagt nur: „Huch!", und die Mutter lächelt sauer. Dann gehen die bei-
28 den Frauen ins Wohnzimmer. Und die Kinder bauen sich wieder ihre gemütliche
29 Wohnung.
nach Katrin Arnold

Arbeitsaufgaben:
1. Unterstreicht die wörtlichen Reden:
   Mutter (rot), Anita (grün), Frau Vogel (blau)
   Gabi (gelb), Stefan (orange)
2. Denkt euch in die verschiedenen Personen hinein:
   a) Wie denkt Mutter und wie musst du lesen, damit man ihre Gedanken besser versteht?
   b) Welche Gedanken haben die Kinder, wenn sie so sprechen?
   c) Wie spricht die überraschte Frau Vogel?
3. Spielt die Geschichte und sprecht dabei auch mit dem Körper!

Pfui, Dackel!
(Texte sinnentsprechend vorlesen und vortragen)

1 Schlappi war noch jung, aber etwas hatte er schon gelernt: Alles in der Welt hieß
2 „Pfui!"
3 Wenn er an den Beinen von Tante Helga herumschnupperte, hieß es pfui.
4 Pfui hießen die Pantoffeln unter dem Bett.
5 Pfui war die dämliche Henne, die immer davonrannte, wenn er mit ihr Fangen
6 spielen wollte, und „Dooook-doock-dock-dock-dock" schrie.
7 Pfui hieß das Kissen auf dem Sessel.
8 Pfui hieß der Teppich.
9 Pfui war die Wurst auf dem Teller in der Küche.
10 Pfui hießen die Leute, die nachts am Haus vorbeispazierten.
11 Jeden Vormittag kam der Briefträger Pfui, nachmittags die dicke Frau Pfui, die
12 Nachbarin, die immer so lange blieb, dass er stundenlang im Haus bleiben musste.
13 Sogar Harras, der ihn immer so von oben herab anschaute, wenn er ihn anbellte,
14 sogar der hieß Pfui.
15 Nicht einmal das Riesentier, das neulich vorübertrabte, hatte einen anderen Na-
16 men. Als er das Vieh verbellte und nach seinen Beinen schnappte, da kreischte
17 und rief und brüllte es von allen Seiten: „Pfui!"
18 Merkwürdig:
19 Warum haben die Menschen eigentlich nur ein Wort für alles Aufregende in der
20 Welt?
21 „Pfui!"

von Dietrich Pregel

Arbeitsaufgaben:
1. Betont beim Lesen des Textes besonders das Wort „Pfui"!
2. Sprecht das Wort „Pfui!" in verschiedenen Tonlagen!
3. Lest die Geschichte so, dass man das Wort „Pfui"
   als besonders hartes Verbot für Dackel Schlappi heraushört!
4. Lest den Text mit langen Pausen zwischen den Sätzen!
5. Versucht eure Stimme beim Lesen so zu verändern, dass man euer
   Mitleid für den Dackel Schlappi heraushört!
6. Verändert euer Sprechtempo und eure Lautstärke!

| LESEN | Name: | Klasse: | Datum: | Nr. |

Die Träume der Bäume
(Innere Vorstellungen zum Gelesenen entwickeln)

1 Es war einmal ein Apfelbaum, der hatte einen großen Traum. Er dachte sich im
2 stillen: „Ich will die Welt erfüllen! Wozu hab ich denn Tag und Nacht so viele
3 Äpfel reif gemacht? Die werf ich frisch und munter jetzt in das Gras hinunter. In
4 jedem Apfel ist ein Haus, zehn Kerne fallen da heraus und warten in der Erde, bis
5 es dann Frühling werde. Aus allen Kernen wächst ein Baum, und alsobald, man
6 glaubt es kaum, erblickt man unterm Himmelszelt nur Apfelbäume auf der Welt."
7 Ganz nah, da stand ein Birnenbaum, der hatte just denselben Traum: er hatte in
8 derselben Nacht die Welt voll Birnen sich erdacht und fing nun an, mit den Zwei-
9 gen sich tief herabzuneigen, und streute still und leise die Birnen rings im Kreise.
10 Der Zwetschenbaum in tiefer Ruh, der hauchte seinen Früchten zu: „Ihr seid nun
11 reif, jetzt ist es Zeit! Die Welt ist ja so groß und weit! So lasst euch endlich
12 purzeln und treibt bald Keim und Wurzeln!"
13 Der Nussbaum breitete gemach die Äste übers Scheunendach. Er warf so man-
14 che braune Nuss sich selber auf den Walnussfuß und sah mit viel Vergnügen die
15 Nüsse drunten liegen. Er blickt' sich selber an und lacht: „Ich habe mich vertau-
16 sendfacht! Es werden aus den Nüssen bald neue Bäume sprießen, die Früchte
17 tragen ohne Zahl - so geht das weiter tausendmal. Gewiss bedecket alsobald die
18 ganze Welt ein Nussbaumwald."
19 Am Morgen kam der Bauer her und füllte Säcke, groß und schwer, und trug sie in
20 sein Bauernhaus. Dort leerte er den Inhalt aus. Die Äpfel, Birnen, groß und klein,
21 die Zwetschgen, Nüsse, oh, wie fein, die kamen fort dann in die Stadt, dass jeder
22 was zu essen hat.

nach Rudolf Witavsky

Arbeitsaufgaben:
1. Welche Träume hatten der Apfelbaum, der Birnenbaum,
der Zwetschgenbaum und der Nussbaum?
2. Was war allen vier Träumen gemeinsam?
3. Wie denkt ihr über die Träume der Bäume?
4. Welche gute Absicht steckt hinter den vier Träumen der Bäume?
5. Was können wir Menschen von dieser Geschichte lernen?
6. Malt in die Rahmen jeweils eine schöne Frucht der Bäume!

Die Träume der Bäume
(Ein Gedicht lautmalerisch gestalten)

Es war einmal ein **Apfelbaum**,
der hatte einen großen Traum.
Er dachte sich im stillen:
„Ich will die Welt erfüllen!
Wozu hab ich denn Tag und Nacht
so viele Äpfel reif gemacht?
Die werf ich frisch und munter
jetzt in das Gras hinunter.
In jedem Apfel ist ein Haus,
zehn Kerne fallen da heraus
und warten in der Erde,
bis es dann Frühling werde.
Aus allen Kernen wächst ein Baum,
und alsobald, man glaubt es kaum,
erblickt man unterm Himmelszelt
nur Apfelbäume auf der Welt."

Ganz nah, da stand ein **Birnenbaum**,
der hatte just denselben Traum:
er hatte in derselben Nacht
die Welt voll Birnen sich erdacht
und fing nun an, mit den Zweigen
sich tief herabzuneigen,
und streute still und leise
die Birnen rings im Kreise.

Der **Zwetschenbaum** in tiefer Ruh,
der hauchte seinen Früchten zu:
„Ihr seid nun reif, jetzt ist es Zeit!
Die Welt ist ja so groß und weit!
So lasst euch endlich purzeln
und treibt bald Keim und Wurzeln!"

Der **Nussbaum** breitete gemach
die Äste übers Scheunendach.
Er warf so manche braune Nuss
sich selber auf den Walnussfuß
und sah mit viel Vergnügen
die Nüsse drunten liegen.
Er blickt' sich selber an und lacht:
„Ich habe mich vertausendfacht!
Es werden aus den Nüssen
bald neue Bäume sprießen,
die Früchte tragen ohne Zahl –
so geht das weiter tausendmal.
Gewiss bedecket alsobald
die ganze Welt ein Nussbaumwald."

Am Morgen kam der Bauer her
und füllte Säcke, groß und schwer,
und trug sie in sein Bauernhaus.
Dort leerte er den Inhalt aus.
Die Äpfel, Birnen, groß und klein,
die Zwetschgen, Nüsse,
oh, wie fein,
die kamen fort dann in die Stadt,
dass jeder was zu essen hat.

nach Rudolf Witavsky

Arbeitsaufgaben:
1. Schlüpft jeweils in die Rolle eines Baumes und denkt euch in seinen Traum hinein!
2. Lest das Gedicht mit verteilten Rollen!
3. Überlegt euch, wie ihr das Gedicht als kleines Theaterstück spielen könnt!
4. Welche Requisiten braucht ihr dazu?
5. Welche kleinen Musikstücke könnt ihr zum Gedichtvortrag beisteuern?

| LESEN | Name: | Klasse: | Datum: | Nr. |

Die Träume der Bäume
(Gesprächs- und Leseanreiz)

Der Apfelbaum sagt:

Der Birnenbaum sagt:

Der Zwetschgenbaum sagt:

Der Nussbaum sagt:

| LESEN | Name: | Klasse: | Datum: | Nr. |

Die Träume der Bäume
(Zeichenvorlage)

Folienbild:

Die Träume der Bäume
(Zeichenvorlage)

| LESEN | Name: | Klasse: | Datum: | Nr. |

Der Jahreskreis
(Gedichte zum gleichen Thema vorstellen)

Die Klasse 3a hat für einen Elternabend folgende Gedichte zusammengetragen und den Jahreszeiten Winter, Frühling, Sommer, Herbst zugeordnet.

1. Der Winter

Im Hintergrund erscheint auf einer weißen Leinwand ein Winterbild mit einer Schneelandschaft (Dia). Aus Lautsprechern hört man Sturmgeheul. Drei Kinder nehmen als Vögel verkleidet auf einer Schulbank Platz.

Sprecher 1: (mit dicker Winterbekleidung)

1 *In einem leeren Haselstrauch,*
2 *da sitzen drei Spatzen, Bauch an Bauch.*
3 *Der Erich rechts und links der Franz*
4 *und mitten drin der freche Hans.*
5 *Sie haben die Augen zu, ganz zu,*
6 *und obendrüber, da schneit es, hu.*
7 *Sie rücken zusammen, dicht an dicht.*
8 *So warm wie der Hans hat's niemand nicht.*
9 *Sie hörn alle drei ihrer Herzlein Gepoch.*
10 *Und wenn sie nicht weg sind, so sitzen sie noch.* (von Christian Morgenstern)

2. Übergang Winter - Frühling mit Schneeschmelze

Hoher Trommelton -Taktschlag gleichbleibend

Sprecher 2: (mit Regenhaut, Regenhut, Gummistiefel und Schirm)

Tausend ... Tropfen ... tröpfeln traurig,
traurig ... tröpfeln ... tausend Tropfen.
Tip, ... tip, ... tup.

Sprecher 3: (mit luftiger Frühlingskleidung und Besen)

11 *Nun treiben wir den Winter aus,*
12 *den alten, kalten Krächzer,*
13 *wir jagen ihn zum Land hinaus,*
14 *den Griesgram, Brumbär, Ächzer,*
15 *und laden uns den Frühling ein*
16 *mit Blumen und mit Sonnenschein.*
17 *Juchei! Juchei!*
18 *O komm herbei,*
19 *du lieber Mai.*

Kurzes Flötenstück als Symbol für aufkeimenden Frühling
Hoher Trommelton - Taktschlag gleichbleibend -
Frühlingsbild/Winterbild wechselnd (Dias)

20 **Sprecher 2: (legt Regenhaut und Regenhut ab)**
21 *Tausend ... Tropfen ... tröpfeln traurig,*
22 *traurig ... tröpfeln ... tausend Tropfen Tip ... tip ... tup.*

Sprecher 4: (mit luftiger Frühlingskleidung und Strohballen)

1 *Das faule Stroh, das dürre Reis*
2 *und alles, was vermodert,*
3 *das geben wir dem Feuer preis,*
4 *dass hoch die Flamme lodert,*
5 *und laden uns den Frühling ein*
6 *mit Blumen und mit Sonnenschein.*
7 *Juchei! Juchei!*
8 *O komm herbei,*
9 *du lieber Mai!*

Mittellanges Flötenstück als Begrüßungslied für den Frühling
Hoher Trommelton - Taktschlag gleichbleibend - Frühlingsbilder (Dias)

Sprecher 2: (legt Regenschirm ab und zieht Gummistiefel aus)

10 *Tausend ... Tropfen ... tröpfeln traurig,*
11 *traurig ... tröpfeln ... tausend Tropfen*
12 *Tip ... tip ... tup.*

Sprecher 5:
(mit Frühlingskleid und Wintermantel - abwechselnd aus- und anziehend)

13 *Wer im April - spazieren will,*
14 *was tut er? Was beginnt er?*
15 *Er jubelt: Frühl ... Dann schweigt er still*
16 *und murmelt matt: Frühlinter!*
17 *Sein Schuh im Matsch - macht quitsch und quatsch,*
18 *halb Frühling ist's, halb Winter.*
19 *Ein bisschen plitsch, ein bisschen platsch,*
20 *von jedem was: Frühlinter!*
21 *Whin da zielt? Was das bezweckt?*
22 *Es kommt kein Mensch dahinter.*
23 *Wenn sich ein Kind mit Lust bedreckt,*
24 *dann frag nicht, was dahintersteckt.*
25 *Es ist April: Frühlinter!* (James Krüss)

Fröhliches Flötenstück mehrstimmig als Symbol für Frühling - Frühlingsbilder

3. Der Frühling

Sprecher 6: (mit luftiger Frühlingskleidung und Märzenbecherstrauß)

26 *Das Lied ist aus, Victoria!*
27 *Der Winter ist vergangen.*
28 *Wir singen froh ein Gloria*
29 *dem Lenz, der angefangen.*
30 *Wir laden uns den Frühling ein*
31 *mit Blumen und mit Sonnenschein.*
32 *Juchei! Juchei!*
33 *O komm herbei, du lieber Mai!* (von Guido Görres)

| LESEN | Name: | Klasse: | Datum: | Nr. |

Musikstück mit Klarinette als Symbol für den Sommer - Sommerbild (Dias)

4. Der Sommer

Kinder tanzen mit Ährensträußen und verkleiden sich als Bluemen, Grillen, Käfer, Bienen usw. Sie feiern ein Sommerfest mit Instrumenten und singen.

Dazwischen ...

Sprecher 7: (mit Sonnenhut, Sonnenbrille usw.)

1 *Ein Leben ist's im Ährenfeld*
2 *wie sonst wohl nirgends auf der Welt:*
3 *Musik und Kirmes weit und breit*
4 *und lauter Lust und Fröhlichkeit.*

5 *Die Grillen zirpen früh am Tag*
6 *und laden ein zum Zechgelag':*
7 **Grillen:** *„Hier ist es gut, herein! Herein!*
8   *Hier schenkt man Tau und Blütenwein!"*

9 *Der Käfer kommt mit seiner Frau,*
10 *trinkt hier ein Mässlein kühlen Tau,* **(Käferpaar tritt trinkend vor)**
11 *und wo nur winkt ein Blümelein,*
12 *da kehrt doch gleich das Bienchen ein.* **(Bienen besuchen Blumen)**

13 *Den Fliegen ist die Zeit zu lang,*
14 *sie summen manchen frohen Sang.* **(Insekten summen bekannte Melodie)**
15 *Die Mücken tanzen ihren Reihn*
16 *wohl auf und ab im Sonnenschein.* **(Mücken führen Tanz auf)**

17 *Das ist ein Leben rings umher,*
18 *als ob es ewig Kirmes wär'.*
19 *Die Gäste ziehen aus und ein*
20 *und lassen sich's gar wohl dort sein.*

Es kommt ein Bauer als Tod verkleidet mit einer Sense als Symbol für das Absterben in der Natur und mäht das Feld ab. Die Musik verstummt allmählich, die Sommergäste verlassen die Bühne ...

21 *Wie aber geht es in der Welt?*
22 *Jetzt ist gemäht das Ährenfeld,*
23 *zerstöret ist das schöne Haus,*
24 *und hin ist Kirmes, Tanz und Schmaus.* (nach H. Hoffmann v. Fallersleben)

5. Der Herbst
Musikstück: Ein Männlein steht im Walde ... Herbstbild mit buntem Laub (Dias)

Sprecher 8: (mit Erntekorb)

1 *Hört, was die Schwalbe zwitschert!*
2 *Als ich Abschied nahm, als ich Abschied nahm,*
3 *waren Kisten und Kasten schwer;*
4 *als ich wiederkam, als ich wiederkam,*
5 *war alles leer.*
6 *Als ich auszog, auszog,*
7 *hatt' ich Kisten und Kasten voll,*
8 *als ich wiederkam, wiederkam,*
9 *hatte der Sperling,*
10 *der Dickkopf, der Dickkopf,*
11 *alles verzehrt.*
12 *Wenn ich wegzieh, wenn ich wegzieh,*
13 *sind Kisten und Kasten voll,*
14 *wenn ich wiederkomm, wenn ich wiederkomm,*
15 *ist alles verzehrt. (Volksgut)*

Musikstück mit Flöten, Klarinette und Instrumente aller Kinder
z. B. Herbst-, Wander- oder geistliches Lied über die Schönheiten der Schöpfung
z.B. Jahreszeiten-Lieder usw.

Sprecher 9: (zieht langsam Winterkleidung an)

16 *Die Schwalben sind davongeflogen,*
17 *sind ohne mich hinweggeflogen.*
18 *Dürft' ich mit diesen lebendigen Pfeilen*
19 *über die Häupter der Bergriesen eilen,*
20 *über das blaue Mittelmeer fliegen*
21 *in das Land der Palmen und Pyramiden:*
22 *Ich wollte erzählen im nächsten April -*
23 *acht Tage säßest du mäuschenstill!* (von Josef Guggenmos)

6. Ausklang mit Winterbild vom Beginn des Stückes
Im Hintergrund erscheint auf einer weißen Leinwand ein Winterbild mit einer Schneelandschaft (Dia). Aus Lautsprechern hört man Sturmgeheul. Drei Kinder nehmen als Vögel verkleidet auf einer Schulbank Platz.

Ende

| LESEN | Name: | Klasse: | Datum: | Nr. |

Der Jahreskreis
(Gesprächs- und Leseanreiz)

Folienbild: Der Winter

| LESEN | Name: | Klasse: | Datum: | Nr. |

Der Jahreskreis
(Gesprächs- und Leseanreiz)

Folienbild: Der Frühling

| LESEN | Name: | Klasse: | Datum: | Nr. |

Der Jahreskreis
(Gesprächs- und Leseanreiz)

Folienbild: Der Sommer

| LESEN | Name: | Klasse: | Datum: | Nr. |

Der Jahreskreis
(Gesprächs- und Leseanreiz)

Folienbild: Der Herbst

Der Jahreskreis
(Gesprächs- und Leseanreiz)

| LESEN | Name: | Klasse: | Datum: | Nr. |

Der Jahreskreis
(Gesprächs- und Leseanreiz)

Folienbild: Was die Schwalben erzählen!

| LESEN | Name: | Klasse: | Datum: | Nr. |

Der Jahreskreis
(Gesprächs- und Leseanreiz)
Folienbild: Was sich die Vögel im Winter erzählen!

| LESEN | Name: | Klasse: | Datum: | Nr. |

Der Kreislauf des Wassers
(Den Rhythmus in einem Gedicht wahrnehmen)

Arbeitsaufgaben:
1. Setzt dieses Zeichen ' jeweils auf die betonte Silbe in der Gedichtzeile!
2. Setzt dieses Zeichen / jeweils nach einer Silbe im Wort oder am Wortende!

Beispiel:

    '   '   '
Vom / Him / mel / fällt / der / Re / gen

     '   '   '
und / macht / die / Er / de / nass,

    '   '   '
die / Stei / ne / auf / den / We / gen,

   '   '   '
die / Blu / men / und / das / Gras.

Die Sonne macht die Runde
im altgewohnten Lauf
und saugt mit ihrem Munde
das Wasser wieder auf.

Das Wasser steigt zum Himmel
und wallt dort hin und her.
Da gibt es ein Gewimmel
von Wolken, grau und schwer.

Die Wolken werden nasser
und brechen auseinand',
und wieder fällt das Wasser
als Regen auf das Land.

Der Regen fällt ins Freie,
und wieder saugt das Licht,
die Wolke wächst aufs neue,
bis dass sie wieder bricht.

So geht das Wassers Weise:
es fällt, es steigt, es sinkt
in ewig-gleichem Kreise
und alles, alles trinkt.

von James Krüss

| LESEN | Name: | Klasse: | Datum: | Nr. |

Das Feuer
(Die Lautmalerei in einem Gedicht wahrnehmen)

Arbeitsaufgaben:
1. Unterstreicht alle Zeitwörter rot, die beschreiben, was das Feuer macht!
2. Unterstreicht die Reimwörter am Ende jeder Zeile mit oranger Farbe!
3. Erklärt die Zeitwörter im Gedicht genauer!
4. Macht die Geräusche des Feuers nach!
5. Hört bei einem Lagerfeuer bewusst auf die Geräusche, die das Feuer macht!
6. Welche Farben des Feuers kannst du sehen?
7. Hat Feuer einen Geruch?
8. Wie fühlt sich Feuer an, wenn man nicht zu nahe daran geht?

Hörst du, wie die Flammen flüstern,
knicken, knacken, krachen, knistern,
wie das Feuer rauscht und saust,
brodelt, brutzelt, brennt und braust?

Siehst du, wie die Flammen lecken,
züngeln und die Zunge blecken,
wie das Feuer tanzt und zuckt,
trockne Hölzer schlingt und schluckt?

Riechst du, wie die Flammen rauchen,
brenzlig, brutzlig, brandig schmauchen,
wie das Feuer, rot und schwarz,
duftet, schmeckt nach Pech und Harz?

Fühlst du, wie die Flammen schwärmen,
Glut aushauchen, wohlig wärmen,
wie das Feuer, flackrig-wild,
dich in warme Wellen hüllt?

Hörst du, wie es leiser knackt?
Siehst du, wie es matter flackt?
Riechst du, wie der Rauch verzieht?
Fühlst du, wie die Wärme flieht?

Kleiner wird der Feuerbraus:
ein letztes Knistern,
ein feines Flüstern,
ein schwaches Züngeln,
ein dünnes Ringeln - aus.

von James Krüss

| LESEN | Name: | Klasse: | Datum: | Nr. |

Das Kostbarste
(Nach einem vorgegebenen Bauplan eigene Gedichte verfassen)

Von Helmut Zöpfl stammt dieses Gedicht:
1 *Äpfel, Birnen, Aprikosen,*
2 *Hemden, Kleider, Strümpfe, Hosen,*
3 *einen Farbstift und ein Buch,*
4 *einen Ball, ein buntes Tuch*

5 und noch einen ganzen Haufen
6 kannst du dir für Geld wohl kaufen.

7 Doch es gibt auf dieser Welt
8 sehr viel Schönes ohne Geld:
9 *Sternenhimmel, Sonnenstrahlen,*
10 dafür brauchst du nichts zu zahlen.
11 Und dazu ist dir das Größte,
12 Schönste, Kostbarste und Beste
13 einfach als Geschenk gegeben.
14 Was das ist? Dein eignes *Leben*.

Arbeitsaufgabe (in Partnerarbeit):
Schreibt nun ein ähnliches Gedicht nach folgendem Bauplan:

_____
_____
_____
_____

und noch einen ganzen Haufen
kannst du dir für Geld wohl kaufen.
Doch es gibt auf dieser Welt
sehr viel Schönes ohne Geld:

_____

dafür brauchst du nichts zu zahlen.
Und dazu ist dir das Größte,
Schönste, Kostbartste und Beste
einfach als Geschenk gegeben.
Was das ist? Dein eignes Leben.

| LESEN | Name: | Klasse: | Datum: | Nr. |

Der Stein
(Gedichte gestalten)

Joachim Ringelnatz schrieb folgendes Gedicht:

*Ein kleines Steinchen rollte munter
von einem hohen Berg herunter.*

*Und als es durch den Schnee so rollte,
ward es viel größer als es wollte.*

*Da sprach der Stein mit stolzer Miene:
„Jetzt bin ich eine Schneelawine."*

*Er riss im Rollen noch ein Haus
und sieben große Bäume aus.*

*Dann rollte er ins Meer hinein,
und*

dort

versank

der

kleine Stein

Arbeitsaufgabe (in Partnerarbeit):
1. Schneidet verschieden große Steine aus Papier aus und tragt dazu passend die einzelnen Zeilen von klein bis groß entsprechend ein!
2. Findet Geräusche für die einzelnen Teile des Gedichts und tragt es dazu vor!
3. Erfindet Melodien zu den einzelnen Teilen des Gedichts und gestaltet es!

| LESEN | Name: | Klasse: | Datum: | Nr. |

Was sollten wir über Hunde wissen?
(Sachtexte bearbeiten)

In einem Kinder-Lexikon steht Folgendes:

1 Der **Hund** ist das älteste Haustier des Menschen. Seine Vorfahren waren der
2 Wolf und vielleicht der Goldschakal. Die ersten *Haushunde* gab es vor mehr als
3 10.000 Jahren. Sie sahen wahrscheinlich wie Spitze aus. Durch jahrtausendlange
4 Züchtungen entstanden die über 300 Hunderassen unserer Zeit.
5 Da der Hund sehr gelehrig ist, lässt er sich für viele Zwecke dressieren. Die
6 ersten Gebrauchshunde waren sicher *Hirtenhunde*. Später wurden sie auch als
7 Spursucher die Begleiter der Jäger und halfen ihnen, das Wild aufzufinden. Ihr
8 Geruchssinn war so fein, dass man heute sogar Hunde dazu verwendet, von La-
9 winen verschüttete Menschen unter meterhohen Schneemassen aufzuspüren. Als
10 *Blindenhunde* sind sie die treuen Begleiter ihres Herrn. Die *Polizeihunde* helfen
11 bei der Verbrecherjagd.
12 Zu den größten Hunderassen gehören Bernhardiner, Dogge und Neufundländer,
13 zu den kleinsten Mops und Zwergpinscher. Aus Hirtenhunden hervorgegangen
14 sind Schäferhund, Chow-Chow, Spitz, Pudel und Schnauzer. Zur Jagd dienten
15 oder dienen noch heute: Dackel (Dachshund, mit dem man Dachse in ihrem Bau
16 aufstöbert), Foxterrier (früher zur Fuchsjagd verwendet), Boxer, Bulldogge, Set-
17 ter und Vorstehhund sowie Windspiel.

Arbeitsaufgaben:
1. Formuliert 10 Fragen, deren Antworten im Text oben versteckt sind!
2. Lasst euch die 10 Fragen von euren Klassenkameraden beantworten!
3. Antwortet selbst auf die Fragen der Mitschüler!
4. Unterstreiche 5 Informationen im Text oben, die für dich besonders interessant sind!
5. Begründe das!
6. Warum steht ein Wort im Text oben im Sperr-Druck?
7. Warum sind die Wörter Hirtenhunde, Blindenhunde und Polizeihunde im Druck besonders hervorgehoben?
8. Was wird in den beiden Klammern erklärt?
9. Warum nennt man obigen Text Sach- und Gebrauchstext?
10. Wie geht ihr vor, wenn ihr aus einem Text gezielt Informationen entnehmen wollt?

_____
_____
_____

| LESEN | Name: | Klasse: | Datum: | Nr. |

Was sollten wir über Hunde wissen?
(Gesprächs- und Leseanreiz)

Folienbild: Welche Hunderassen kennst du? Was leisten sie für uns Menschen?

| LESEN | Name: | Klasse: | Datum: | Nr. |

Nicht aufgepasst!
(Sachbericht und Erzähltext gegenüberstellen)

Wir finden folgenden Text in einem Polizeiprotokoll:

1 Der Unfallhergang lässt sich wie folgt schildern: 1 und die Mutter von 2 wurden
2 über ihr Aussageverweigerungsrecht belehrt. Die Mutter von 2 konnte zum Un-
3 fallhergang keine Angaben machen. 1 befuhr nach seinen Angaben die Schicht-
4 straße aus Richtung Grünauer Allee in Richtung Bahnhofstraße. In Höhe des
5 Hauses Nr. 14 kam 2 - ohne auf den fließenden Verkehr zu achten - zwischen
6 zum Parken abgestellten Fahrzeugen herausgelaufen, und zwar in Fahrtrichtung
7 gesehen von rechts nach links. Trotz mäßiger Geschwindigkeit - durch Gegen-
8 verkehr bedingt - konnte es 1 nicht vermeiden, 2 anzustoßen, obwohl er eine
9 Vollbremsung vornahm. 2 kam vor dem Fahrzeug zu liegen und musste mit ei-
10 nem Krankentransportwagen in die Klinik gebracht werden, wo er stationär auf-
11 genommen wurde.   Berger, Polizeihauptmeister

Benni Beblo erzählt:

12 Heute lief alles verquer. Nicht einmal Zeit zum Frühstück hatte ich. Um 8 Uhr
13 beginnt die Schule, und ich war um 7.42 Uhr immer noch nicht aus dem Haus.
14 Das Brot aß ich auf dem Schulweg. Als ich auf dem Bürgersteig war, fiel mir ein,
15 dass ich mich mit Martin verabrdet hatte. Wir wollten gemeinsam zur Schule
16 gehen. Schnell rannte ich durch die parkenden Autos auf die ggenüberliegende
17 Straßenseite, wo Martin stand. Ich hörte nur noch Bremsen quietschen und klatsch-
18 te mit meinem Oberkörper auf die Motorhaube. Dann weiß ich nichts mehr. Spä-
19 ter bin ich im Krankenhaus wieder aufgewacht.

Einige Zeugen haben den Unfall beobachtet:

Frau Emmi Mayer (74 Jahre):

20 *„Klar. Der Mann ist doch gerast wie verrückt. Heutzutage ist man doch auf der*
21 *Straße wie Freiwild. Rasen einfach. Für Fußgänger ist kein Platz mehr. Das*
22 *arme Kind, das kleine!"*

Herr Thomas Gerber (34 Jahre):

23 *„Na, also der Bub ist doch zwischen den Autos nur so rausgeschossen. Den konnte*
24 *der im Auto doch gar nicht sehn. Das war ganz unmöglich. Der hat überhaupt*
25 *nicht aufgepasst ... hat sicher an was anderes gedacht ..."*

Susi Bauer (10 Jahre):

26 *„Ich weiß nicht. Also, ich weiß nicht ... das ging alles so schnell. Eben hab' ich*
27 *noch den Jungen rennen gesehn, da lag er schon auf der Straße. Ich weiß wirk-*
28 *lich nicht. Bremsenquietschen hab ich gehört."*

Arbeitsaufgaben:
1. Vergleicht obige Texte und diskutiert die Unterschiede!
2. Woran erkennt ihr einen Sachbericht, woran einen Erzähltext?

| LESEN | Name: | Klasse: | Datum: | Nr. |

Nicht aufgepasst!
(Gesprächs- und Leseanreiz)

Folienbild: Wie wird die Zeitung über den Unfall berichten?

○ 3./4. Jahrgangsstufe ○ Stand 30. 01. 2002 ○ **Preise in Euro** ○ Stand 30. 01. 2002 ○ 3./4. Jahrgangsstufe ○

Deutsch
kompakt

Nr.	Titel	Preis
294	3. Schuljahr Bd. I Texte verfassen, 122 S. ✎	17,50
295	3. Schuljahr Bd. II Richtig schreiben ✎	i.V.
296	3. Schuljahr Bd. III Lesen/Literatur begegnen 108 S.	16,50
459	3. Schuljahr Bd. IV Sprache untersuchen, 116 S. ✎	17,50
971	4. Schuljahr Bd. I Texte verfassen, 123 S. ✎	17,50
972	4. Schuljahr Bd. II Richtig schreiben ✎	i.V.
973	4. Schuljahr Bd. III Lesen/Literatur begegnen ✎	i.V.
460	4. Schuljahr Bd. IV Sprache untersuchen ✎	i.V.

Rechtschreiben
Lernwörter, Nachschriften, Diktate

| 890 | 3. Schuljahr 104 S. ✎ | 16,90 |
| 891 | 4. Schuljahr 70 S. ✎ | 14,50 |

Grundwortschatz in Nachschriften
Lauf- und Büchsendiktaten

| 789 | 3. Schuljahr 94 S. ✎ | 15,90 |
| 790 | 4. Schuljahr 106 S. ✎ | 16,90 |

Die lustige Rechtschreibkartei UP

| 877 | 3. Schuljahr 110 S., A5 quer ✎ | 14,50 |
| 044 | 4. Schuljahr 110 S., A5 quer ✎ | 14,50 |

Grundwortschatz-Schülerhefte

769	Mein Wörterlexikon i. d. Grundschule 96 S., DIN A5 ✎	5,90
990	Mein Rechtschreibregelheft geordnet nach Rechtschreibfällen mit lustigen Lernspielen - Arbeitsheft zu einem Wörterlexikon, DIN A4, 32 S. ✎	4,90
765	Mein Grundwortschatz 3. in lateinischer Ausgangsschrift, 66 S. ✎	4,90
766	Mein Grundwortschatz 4. in lateinischer Ausgangsschrift, 72 S. ✎	4,90

Aufsatzerziehung

836	So schreibe ich spannende Geschichten 3./4. Schuljahr, 104 S. ✎	16,90
843	Kreatives Schreiben, 3./4. Schuljahr Techniken-Tipps-Schülerbeispiele zur umsetzung von thematischen und gestalterischen Impulsen ✎	14,50
983	Spielen mit Sprache macht Spaß 78 S. Kartei DIN A5 ✎	12,90
703	Erzählen u. Unterhalten 3./4. Schuljahr	16,90

Aufsatz/Kopierhefte

076	Band I, Erleben und Erzählen 88 S., 51 KV ✎	15,50
077	Band II, Beobachten, Berichten, Beschreiben 80 S., 57 KV ✎	14,90
078	Band III, Überlegen und Begründen 68 S., 37 KV	12,50

Literatur/Lesen

763	Kinder- u. Jugendliteratur lesen und erleben, 3./4. Schuljahr, 144 S.	18,50
097	Phantasiegeschichten, 3./4. Schuljahr Texte z. Kreativität u. Meditation, 56 S.	11,50
764	2.-4. Schuljahr, Spannende Geschichten zum Sachunterricht z. Lesen, Vorlesen u. Nacherzählen, 64 S.	11,50

Kopierhefte

350	Lesefreude mit Märchen 58 S. ✎	12,90
351	Lesefreude mit Fabeln 56 S. ✎	12,90
352	Lesefreude mit Legenden und Sagen 56 S. ✎	12,90
353	Lesefreude mit Lachgeschichten und Schwänken 52 S. ✎	12,50
969	Lass dir Zeit 90 S. ✎	14,90
354	Minikrimis, 3./4. Schuljahr Detektive sind Benni, Lu u. du, 46 S. ✎	10,90

079	Lesen mit Lust 3 64 S.	12,50
080	Lesen mit Lust 4 64 S.	12,50
358	Mit viel Spaß fit im Lesen 3/4. 46 S. ✎	10,90

Gedichte/Stundenbilder

| 135 | 3./4. Schuljahr
93 Seiten, 18 Gedichte z.B. von Goethe, Krüss,
Ringelnatz, Roth... | 13,90 |

Sprachbetrachtung/Sprachlehre

| 187 | Sprachlehre macht Spaß, 3./4. Schulj.,
92 Seiten | 14,50 |

Fremdsprachen

962	Französisch i. d. Grundsch., 104 S.	14,50
963	Englisch kompakt 3/4., 137 S.	18,50
028	Audio-CD zu Englisch kompakt	19,90

| 974 | Ready, steady, go
Spielekartei Englisch 110 S. | 14,50 |

Heimat- und Sachunterricht
Stundenbilder

736	3. Schuljahr Band I ✎ Kind und Gemeinschaft / Zeit / Heimat- geschichte / heimatl. Raum / Warenher- stellung / Dienstleistungen, 104 S.	15,50
737	3. Schuljahr Band II ✎ Kind und Natur / Kind und Gesundheit, 110 S.	15,90
738	4. Schuljahr Band I ✎ Kind und Gemeinschaft / Kind und Ge- schichte / Kind und Raum / Warenher- stellung / Dienstleistungen, 136 S.	17,90
739	4. Schuljahr Band II ✎ Kind und Gesundheit / Kind und Wald / Kind und Tierwelt / Kind und Natur, 120 S.	16,90

Sachunterricht/Stundenbilder

| 743 | 3. Schuljahr Band I ✎
Geschichte, Sozial-u. Wirtschaftslehre,
verkerserziehung, 140 S. | 17,90 |
| 744 | 3. Schuljahr Band II ✎
Biologie, Erdkunde, Physik, Chemie, 108 S. | 15,90 |

Lernzielkontrollen/Proben

| 797 | 3. Schuljahr, 64 S. ✎ | 13,50 |
| 798 | 4. Schuljahr, 64 S. ✎ | 13,50 |

Umwelterziehung/Stundenbilder

| 255 | Umwelterziehung, 4.-6. Schj.
Lesestoffe, Kopier- u. Folienvorlagen,
Lieder mit Noten zur Tonkassette | 9,90 |

Verkehrserziehung

| 186 | 3./4. Schuljahr, 86 S. ✎ | 15,50 |

Kopierhefte mit Pfiff

725	3. Schuljahr Band I, 78 S. ✎ Gemeinschaft, Geschichte, Zeit, Raum	14,90
726	3. Schuljahr Band II, 80 S. ✎ Kind und Natur	14,90
727	4. Schuljahr Band I, 64 S. ✎ Gemeinschaft, Geschichte, Zeit, Raum	13,50
728	4. Schuljahr Band II, 64 S. ✎ Kind und Natur	13,50

Gesunde Ernährung

| 391 | Reise durch das gesunde
Schlaraffenland, 64 S. ✎ | 13,50 |

HSU kompakt

274	HSU kompakt 3 Bd. I 140 S. ✎	18,90
275	HSU kompakt 3 Bd. II 140 S. ✎	18,90
276	HSU kompakt 4 Bd. I ✎	i.V.
277	HSU kompakt 4 Bd. II ✎	i.V.

Projektunterricht

| 993 | Projektideen
zum Sachunterricht 64 S. ✎ | 13,50 |
| 287 | Unser eigenes Thema 3/4 70 S. ✎ | 14,50 |

Rund ums Jahr
Feste und Gedenktage

| 364 | Frühling u. Sommer, Bd. I, 120 S. | 16,90 |
| 365 | Herbst u. Winter, Bd. II, 120 S. | 16,90 |

Brauchtum 2.-4. Schuljahr

| 169 | Brauchtum und Feste im (Kirchen-)
Jahr, Band I
Erntedankfest bis Hl. Drei Könige
17 StB, 9 AB, 3 FV, 134 S. | 15,50 |
| 170 | Brauchtum und Feste im (Kirchen-)
Jahr, Band II
Vom Fasching bis zu den Sommer-
feiertagen, 13 StB, 29 AB, 122 S. | 14,90 |

Kath. Religion
Stundenbilder

| 155 | 3. Schulj., 116 S., 20 StB, 14 FV | 15,50 |
| 156 | 4. Schulj., 138 S. ✎ | 18,90 |

Ethik

264	3. Schuljahr ✎	i.V.
265	4. Schuljahr 144 S. ✎	18,90
794	Kurzgeschichten zum Ethikunterricht 3./4. Schuljahr 44 Themenvorschläge, Denkanstöße und Diskussionsschwerpunkte, 50 S.	9,90

✎ = Neue Rechtschreibung